DVDでよくわかる

勝つ!倒す!空手

新日本空手道連盟
正道会館　館長代行
中本直樹　監修

LEVEL UP BOOK with DVD

●はじめに

「身体操作の理論に沿って稽古をすれば、誰でも強くなることができる」

正道会館 館長代行　中本直樹

直接打撃制の空手（＝フルコンタクトカラテ）は、今や世界的な広がりを見せ、様々なルールのもと、国内外を問わず多くのトーナメントが開催されています。

空手の試合は、技の美しさと闘志溢《あふ》れる攻防が魅力ですが、やはりその醍醐味《だいごみ》は、相手を倒す一本勝ちです。

空手を修行する多くの人は、強さを求め、相手を倒すことができる技を身に付けるために、日々、修行を積んでいますが、その一方で、基本稽古の動きが組手に生かせない、また組手での自分の動きがぎこちなく感じるといった悩みをよく耳にします。

〝流れるような動き〟といいますが、これは運動神経や空手におけるセンスによるものばかりではありません。技を出す、受け流すときの理にかなった正しい体の使い方、さらには基本稽古で身に付けた動きを、約束組手やミット稽古で対人や目標物を実際に突き、蹴ることで確認し、スパーリングなどで感覚を磨いていくことで、誰にでも身に付けることができますし、試合で相手を倒すことができるようになるのです。

[基本稽古／約束組手]

空手はすべてが基本から始まります。大切なのは、体をどう使えば威力のある技を素早く出せるのか、また相手の威力のある技を受け流せるのか、その理論を知ったうえで、稽古を積むことです。例えば突きの場合、力まかせに殴るのではなく、体をどう動かせば、スピードと威力となるエネルギーを生み出すことができるのか、など細部にわたって理解し、動きを体に覚え込ませる必要があります。

[ミット稽古]

体を正しく使って技を出すこと、相手の技を受けることを覚えたら、ミットなどを突いたり、蹴ったりすることで、目標物までの間合いや、インパクトのタイミングやコツを覚えます。ミットを前にしても、力まずに突きや蹴りを走らせてインパクトすることが大切で、慣れてきたらミットを持つ人に動いてもらい、自分も動きながら間合いを調整し、突いたり蹴ったりできるように練習します。

それぞれの段階の稽古が持つ意味を考え、
しっかりと体を動かすことを心がければ、上達は間違いない

[組手／スパーリング]

相手との攻防の中から、技を出すタイミング、受けの確かさなどを学ぶのがスパーリングや組手です。倒し合う試合と違い、サポーター類の防具を着け怪我をしにくい環境で、自分の動きを確認し、技や受けの確かさを確認することが大切です。また、体格の大小やサウスポーなど、スタイルの違う相手とどう戦えばいいのか、今後どう練習していけばいいのかなど、課題を探る場でもあります。

[試合]

稽古のひとつの決算といえるのが試合です。″勝つ″、″倒す″ことを目的に、相手と技を戦わせることで、道場の稽古では経験できない緊張や雰囲気、試合ならではの駆け引きなど、多くのことを学ぶことができます。勝敗も大切ですが、自分が稽古してきたことをどれだけ出せるか、また負けた時、何が足りなかったのかなど、客観的な目を持てるかどうかが、今後の成長のカギとなってきます。

理にかなった稽古であれば、年齢、性別を問わず強くなれるし、動きに切れが生まれ、試し割りでも威力を発揮できる

身体操作の理論にかなった技の空手なら、年齢、性別に関わらず、パワーに頼ることなく相手を倒せるし、スタミナを無駄に使うことなく動くことができる

"空手ブーム"といわれた80年代は、強さを求める若者たちで道場がいっぱいになりましたが、現在は年齢、性別を問わず、空手愛好者が増え、壮年や女子の全日本大会も開催されるようになりました。

かつて、直接打撃制の空手で勝つには、"パワー"や"打たれ強さ"ありきのイメージがありましたが、近年では、私ども正道会館が長年、稽古に取り入れてきたように、体の使い方によって生み出されるエネルギーとスピードが大切だと見直されるようになってきました。

効果的な体の使い方による、"技の空手"であれば、年齢、性別を問わず、誰もが親しむことができますし、強くなることができます。また、技に切れが備われば、威力を計るバロメータとして試し割りに挑戦することもできるのです。

正しい体の使い方により技に切れが備われば、試し割りの可能性も広がる

空手の魅力は、全身を自在に動かし、すべてを武器として使うことです。もちろん、ルールのある大会では有効な技も限られてきますが、あらゆる技が自在に使えれば、勝つ可能性はその分だけ高まります。

「上段回し蹴りには憧れるが、体が硬くて蹴れない」という言葉をときどき耳にしますが、上段回し蹴りでの体の使い方を学び、必要な箇所の、必要な分だけの柔軟性を高めれば、たとえ１８０度開脚ができなくても、十分、上段蹴りで相手を倒すことができるのです。

上達に必要なのは、〝勝つ〟ために、〝倒す〟ために、何が必要で、どう稽古すればいいということなのです。

かつては、それを一流一派の〝極意〟と呼んでいた時代もありましたが、現代では、空手の動きを理論的にとらえ、稽古に取り入れている先生から指導を受ければ、誰もがそれを知ることができ、学ぶことができるようになりました。

いい換えれば、これまで苦手としてきた技を、誰もが努力次第でマスターでき、誰もが強くなることができるのです。

また、打撃系格闘技としての正しい体の使い方を学んでおけば、自分のさらなる可能性を試そうとキックボクシングや総合格闘技に出場した場合でも、パワーや打たれ強さ、スタミナに依存したスタイルの空手に比べて、他競技への順応は格段にスムーズになります。

今回、この本を制作するにあたり、攻撃と受けの基礎から、効果的な技の細かな解説、攻防のポイントまで、チャンピオン経験者たちに演じてもらい、紹介しています。

ぜひ本書でポイントを理解し、ＤＶＤで実際の動きを確認しながら、日頃の稽古の参考にしてください。より強くなることで、みなさんの空手への熱意が高まり、生涯を通じて稽古されることを願ってやみません。

**大切なのは、技のメカニズムを知ること。
苦手意識をなくすことができるし、
試合で“勝つ”こと、“倒す”ことが
できるようになる！**

中本直樹

新日本空手道連盟 正道会館
館長代行

1956年生まれ　大阪府出身。
96年、正道会館総本部本部長に任命され、現在に至るまで総本部で指導を務めるほか、全日本大会をはじめとする各大会、選手育成、審査会など正道会館の全国の活動において、館長代行として統括に当る。

CONTENTS

CONTENTS

本書付属の DVD のご利用について

本書付属の DVD では、各章で紹介した技を、指導者の解説を聞きながら、実際の動きとして見ることができます。本書と DVD は連動していますが、付属 DVD 独自の技の紹介もありますので、本書と合わせてお役立て下さい。

観たい章を選ぶことができます。

第1章より順に再生されます

DVD TOP 画面

DVD を DVD プレイヤーや PC の DVD ドライブで再生したときに、最初に表示される画面です。観たい章を選ぶことができる「シーン別」と、第 1 章より順に再生される「ALL PLAY」が選べます。

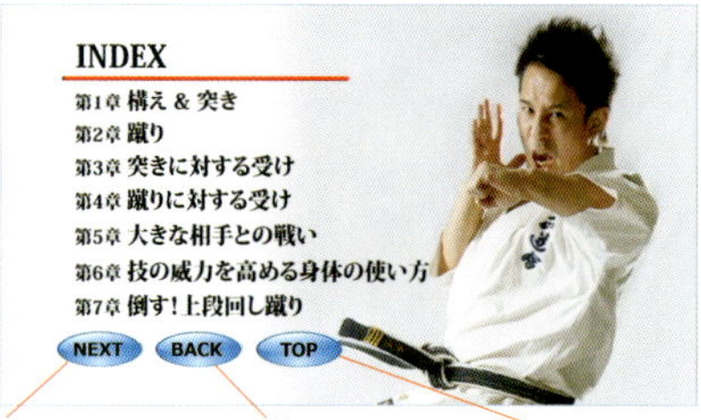

次の INDEX に移ることができます

前の INDEX に戻るときに使います。

TOP 画面に戻るときに使います。

INDEX 画面

DVD TOP 画面の「シーン選択」ボタンより入ることができ、観たい章を選択することができます。

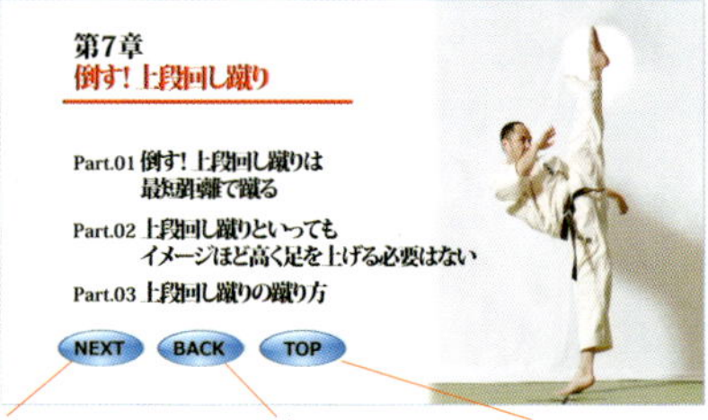

次の Part に移ることができます。

前の Part に戻るときに使います。

TOP 画面に戻るときに使います。

Part 画面

各章の中にある、それぞれの Part を選ぶことができます。

Part の再生画面

選択した Part の再生が始まります。「TOP」、「INDEX」、「Part」の画面に戻りたいときは、お使いの機器で戻るための操作を行ってください(機器によって操作は異なります)。

DVD をご利用になる前にお読み下さい。

●本書付属の DVD は片面 2 層式です。多くの DVD プレイヤー・PC の DVD ドライブで再生が可能ですが、すべてのプレイヤーでの再生を保証するものではありません。お手持ちのプレイヤーが片面 2 層式に対応しているかどうかはプレイヤーの取扱説明書をご覧ください。

●お手持ちのプレイヤーが 2 層式に対応していないことに対する交換・返品等には応じられません。

●製造工程上からの不良品は送料弊社負担の上、交換いたします。実業之日本社(03-6809-0452)までご連絡ください。

●2 層式のため、プレイヤーによってはレイヤーが切り替わる時、瞬間的に停止することがあります。

第1章

Basic Techniques

Fighting Stances and Punches

体の使い方をマスターすることで、
強さへの可能性は無限大に広がる

基本の構え&突き

構え

DVD
第1章
Part.1

攻撃と受けに、すぐに転じられる構えとは？

構えは、空手の基本となる動作で、瞬時に攻撃に転じ、また相手の攻撃に対応できる機敏性を備えていなければならない。大切なのは、すぐに動ける足幅と重心位置、相手を懐に入れない構えの手。形ばかりを追って、肩や下半身に力が入っていると、機敏に動くことができないので注意しよう。リラックスはすべてにおいて基本であると同時に、極意だ。

すぐに歩き出せる自然なスタンスで構えるのが基本

足幅は、自分が日常的に歩いている歩幅程度が一番動きやすい。オーソドックスの構えの場合、左足を一歩前に踏み出し半身を切る。脚腰のバネと安定を得るために少し腰を落とそう。いつでも動けるように重心は身体の中心に置く。

手を出すことで"空間"を確保する

構えの手は、ヒジを約90°に曲げて、前の手となる左手は目の高さ、後ろの手となる右手はアゴの高さに上げておく。ボディを守ろうと構えの手を体の近くに置くと、相手との距離を保てなくなるので、攻撃されやすくなる。

第1章

Basic Techniques

Fighting Stances and Punches

基本の構え&突き

すぐに重心移動ができることが大切

重心移動ができると、突きが伸びる

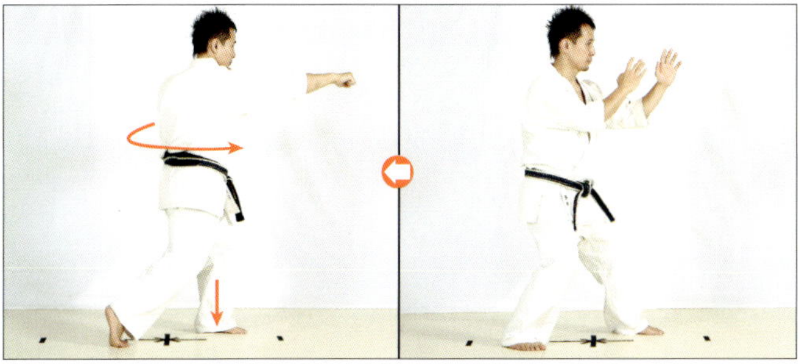

突きは、構えから前の足となる左足に重心を移動し、腰を回転させることで、伸びと威力を作り出している。腰は落としていても、ヒザをリラックスさせて、いつでも重心移動させられることが大切だ。

力んで構えると重心移動ができず、また腰が回らないので、突きが伸びず、威力もない。

重心移動ができると、蹴り足が上がる

蹴り技は、軸足に100%重心を移すことができて、はじめてスムーズに、バランスよく蹴り足を上げることができる。構えから瞬時に、前後の足に100%の重心が移せるよう練習しておこう。

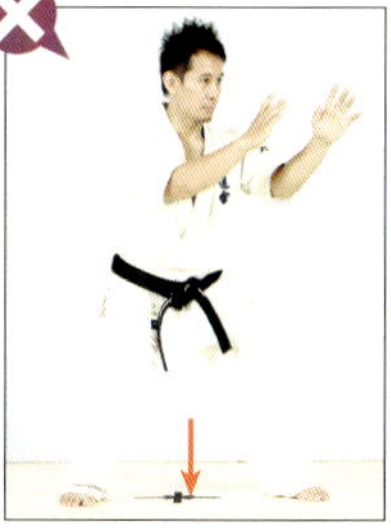

極端に腰を落とし過ぎたり、足幅が広かったりすると重心移動がしづらくなり、足が上がらない。

スムーズに重心移動ができると、相手の攻撃に反応できる

人は歩くときに、自然と重心移動をしている。これと同じで、相手の攻撃をかわすためにステップするには重心移動が不可欠。上半身に力を入れていては歩きにくいのと同じで、全身をリラックスさせることが大切だ。

力んで構えていると、反応が遅れるばかりか、重心移動ができないので相手の攻撃をもらいやすい。

正拳中段突き

DVD 第1章 Part.2

重心移動で、威力と伸びのある突きを放つ

空手の代表的な技である正拳中段突きは、直接打撃制の空手で使用頻度の高い技のひとつだ。威力と伸びを司るのは、重心移動と腰の回転。逆突きも、順突きも、前の足に重心を移し、股関節を軸に腰と上半身の回転で突いていくことが大切だ。

正拳逆突き

左足に重心を移したとき、左にブレたり、体が開いたりしてしまうと、力が逃げてしまう。

体の中心に軸を置くと、突きが伸びず、手打ちになりやすい。

前足に重心を移し股関節を閉じる

後の足から前の足に重心を移し、軸を置いた左ヒザを外に開かないことで壁を作り、腰→上半身を回して突き手を伸ばす。脇を締めながら拳を送り出そう。

重心移動→腰から肩の回転で突く

前足に重心を移したら、後ろ足で床を蹴るようにして腰→肩を回転させて、拳を縦に伸ばしていく。インパクトの瞬間、拳を返し、人差指と中指の付け根を当てる。

左の股関節に紙を一枚挟むような感じで閉じる＝腰を回すと、突きが伸びる。

Fighting Stances and Punches
基本の構え&突き

正拳順突き

ボクシングのジャブにあたる順突きは、組手では、構えから左足をやや踏み出して重心を移し、腰→肩を回しながら突き手を伸ばしていく。押すのではなく、しっかりとインパクトしよう。

前足の股関節に重心を置きながら腰を回して突く

正面から、帯の結び目の位置に注目して腰の回転を見てみよう。突き手を伸ばすほど、結び目が回っているのが分かるはず。脇を締めて壁を作り、力を逃がさずにまっすぐ突こう。

右の引き手を引きすぎたり、前足のヒザを回しすぎたりすると、体が開いて力が逃げてしまう。

順突きは、逆突きほど肩の回旋が大きくない

順突きは、重心を前の足に移動していくように突き込む。肩を回しすぎるとバランスを崩すので注意。

体の中に軸があるイメージだと、腰を回しても突きの伸びに限界がある。

Point

股関節を閉じて腰を回せば、肩が前に出て突きが伸びる

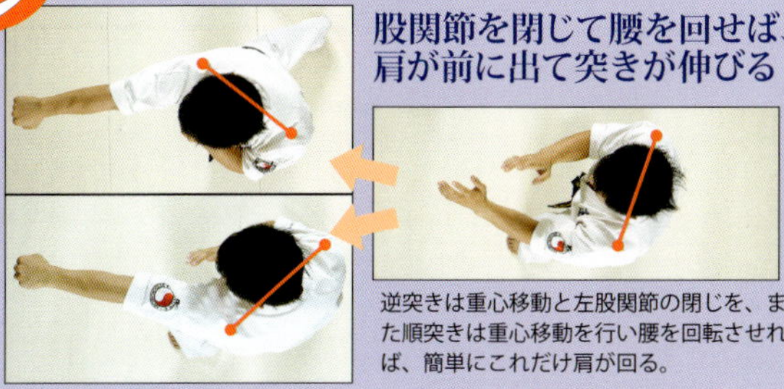

逆突きは重心移動と左股関節の閉じを、また順突きは重心移動を行い腰を回転させれば、簡単にこれだけ肩が回る。

内ハの字立ちで、威力のある突きがマスターできる！

突きや、受けの時の重心移動と腰の回転は、内ハの字立ちによる基本稽古でマスターできる。ここから組手の構え、さらには突きや、受けを加えながら練習すれば、柔軟で威力のある体の使い方ができるようになる。

“内ハの字立ち”で立つ

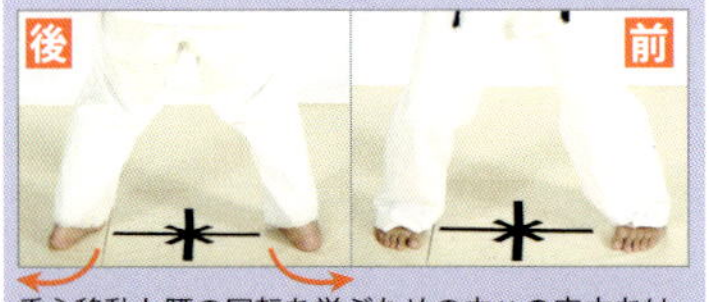

重心移動と腰の回転を学ぶための内ハの字立ちは、両足を肩幅に開いて、カカトを外に返し、ヒザを少し曲げて立つ。

股関節を動かしながら、体全体を回転させてみよう

右足を引いて、組手の構えで回転してみよう

内ハの字立ちに立ったら、体を回す方の足に重心を移し、手を広げて体全体を回してみよう。このとき、重心を乗せた足の股関節を閉じるようにすることが大切だ。感覚がつかめてきたら、左足を前に出して組手の構えで行ってみよう。

“内ハの字立ち”で股関節をしっかりと動かし腰を回転させて、突く

回転方向の足に重心を移し上体を回す感覚がつかめたら、基本稽古の正拳アゴ打ちの要領で突きを伸ばしてみよう。回転方向の股関節を閉じるようにすれば、軸を体の中心に意識したときより、簡単に、大きく腰や肩が回るのがわかるはずだ。ガードの手の脇を締めて力が逃げないように壁を作るのを忘れずに。

右足を引いて、組手の構えで突いてみよう

これまで内ハの字立ちで練習してきた重心移動と腰の回転を、組手の構えから正拳突きと、外受けでやってみよう。前の足に重心を移して股関節を閉じて腰を回転させると、体の中心に軸を置いたときより上半身が大きく回転させられるはず。突きはこれまで以上に伸び、受けでは半身を大きく切れるようになるだろう。

股関節をしっかりと動かすことが大切

Point

“股関節を閉じる”という動作が、今ひとつピンとこない人は、組手の構えから前足に重心を移し、腰を回して、股間に当てた手を挟んでみよう。このとき、ヒザとツマ先を正面に向けたままにしておくことが大切だ。腰が回転方向に逃げたり、股関節だけ閉じようと前傾したりしてはダメ。

しっかりバランスを保つ

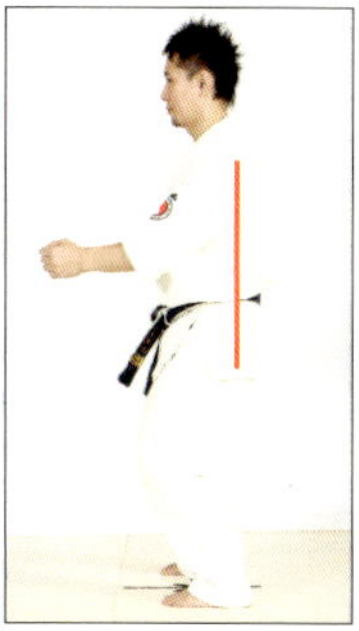

内ハの字立ちで練習するときは、体の軸を垂直に保つことが大切だ。上体が前傾や後傾をしていると、重心移動と腰の回転の練習が正確にできない。

下突き

DVD 第1章 Part.3

内臓を突き上げて、倒す！

下突きは、今日の空手の試合で主力といえる技のひとつとなっているが、その一方で、体重を預けるように突く選手も多く見られるのも事実だ。下突きは、他の突き同様、重心移動と腰の回転を使えば、技の切れと威力は2倍にも3倍にもなるので、ぜひ正しい突き方を身に付けよう。

右下突き

肩を支点に回すように突く

右下突きは、組手の構えから、左足に重心を移し、左の股関節を軸に腰を回転させながら突く。構えたところから、肩を支点に回すように突き手を送ると、ムダなく拳を送ることができる。オーソドックスな構えの場合、相手の横隔膜付近を狙うといいだろう。

突き手の脇を締めて、腰の回転と共にインパクトする

正面から、突き手の軌跡と帯の結び目に注目して見てみよう。組手の構えから、左足に重心を移して腰を回しながら、肩を支点に突きを突く。フィニッシュでは左の股関節を閉じるまで腰を回転させて、しっかりと斜め上の体の中心を突こう。

Point

体で押すように相手を突いても、倒せない

肩を出しながら体重を預けるようにして突くと、肩関節を軸にヒジが後退して力を吸収してしまうので、突きのパワーが十分に伝わらない。

右の下突きのターゲットは、胸の下の横隔膜

右の下突きで相手のみぞおちを狙おうとすると、相手の体の面と合わず、突きが滑ってしまう。相手の脇腹か横隔膜を狙っていこう。

左下突き

左サイドにステップし、そのタメの反転で突く

左の下突きは、互いの直突きが当たるぐらいの間合いから、左足を踏み出して重心を乗せ、左股関節を軸に腰を回転させてタメを作る。それを解くように腰を逆回転させて、拳を送り突いていく。腰がしっかりと回っていれば、突き手は飛ぶように出ていくはずだ。

前足に重心移動しながら、腰を回してタメを作り、突く!

組手の構えから、左足に体重を移したとき、帯の結び目が左を向くぐらい腰を回しタメを作る。重心を左足に残しながら、帯の結び目が右を向くぐらい腰を回して下突きを突く。拳の軌道は、肩を支点に腰まで下ろしたら、下から上へ体の中心に向けて突く。

Point

頭を下げ、体を前傾して突くと、ヒザ蹴りをもらう

下突きを突くときに、頭を下げて前に突っ込んでいくと、ヒザ蹴りのカウンターで顔面を蹴られる恐れがあるので注意しよう。

腰と肩のラインを前に出すよう、腰を回して突く

左の下突きも、拳は構えの位置から肩を支点に、腰の回転と連動させて回すように相手へと伸ばしていく。強く突こうとヒジを引く人もいるが、下突きの威力は重心移動と腰の回転で決まるので、腕の力だけでは相手を倒すことはできない。

鉤《かぎ》突き

相手サイドにステップして、脇腹を突く

　鉤突きは、ボクシングのフックのように、相手の脇腹や上腕を狙ってサイドから突く。左の鉤突きの場合、組手の構えから、左斜め前に踏み出すと同時に腰を左に回転させてタメを作り、それを解くように腰を回しながら、拳を水平に振って相手の脇腹を突く。

左鉤突き

突き手側の股関節に重心を置いて全身で突く

ステップと重心移動、腰の回転に注目して見ていこう。組手の構えから斜め前に踏み出すと同時に、左股関節を軸に帯の結び目が左を向くぐらい腰を回転させてタメを作り、それを解くように腰と肩を連動させながら、鉤突きを突く。突き手は水平に振ることが大切だ。

練習方法　上半身を回転させて重心を移動してみよう

鉤突きは、拳を水平に振るため、腰の回転の切れが重要だ。組手の構えから両手を左右に広げ、そこから斜め前に踏み出して重心移動と腰の回転を行い、体をバランスよく使えているか確認しよう。

サイドへのステップが十分でないと、相手のヒジを叩くおそれも

相手のサイドへの踏み込みが十分でないと、突きが相手の脇腹まで届かず、ヒジを突いてしまうことがある。最初は、相手の横に回り込むぐらいのつもりで突いていこう。

右鉤突き

右の鉤突きは、左上段回し蹴りへのつなぎ技として有効だ

右鉤突きは、左上段回し蹴りへのつなぎ技としてもよく使われる。構えから、右足を斜め前に踏み出して相手のサイドに回り込む。重心は右足に置き、体を右に回転させながらタメを作り、それを解くように腰を逆回転しながら、拳を水平に振って相手の脇腹を突く。

右足をサイドに踏み出しながら、突きへのタメを作るのがポイント

右の鉤突きは、右足で斜め前に大きく踏み出すのが特徴だ。重心を移した右足は、タメを作るときや、突くときの回転軸になる。ここを中心に上体をブラすことなく、スムーズに突こう。

体を前傾させて開くような突き方は、本当は威力がない

ビッグミットでの練習が多いからか、鉤突きも、下突き同様、体を前傾させて開くように突く人が多い。突き手に比べて肩の回転が速いと、ヒジが両肩のラインより後ろに出て、当ったときに力が逃げてしまう。ヒジは肩のラインより前にあるのが基本だ。

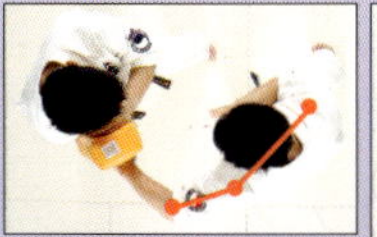

突いたとき、両肩を結ぶラインよりヒジが前に出ていると、力が伝わりやすい。

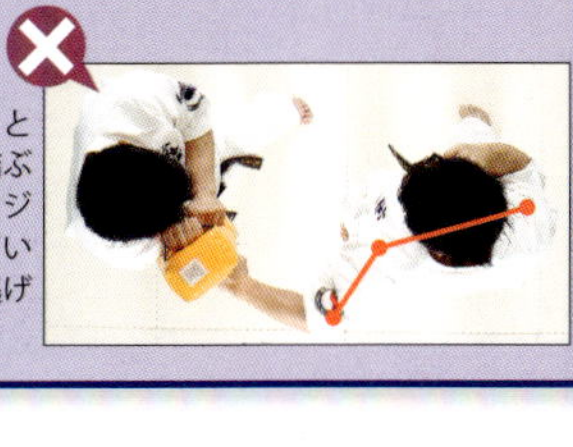

拳を当てたとき、両肩を結ぶラインよりヒジが後ろに出ていると、力が逃げてしまう。

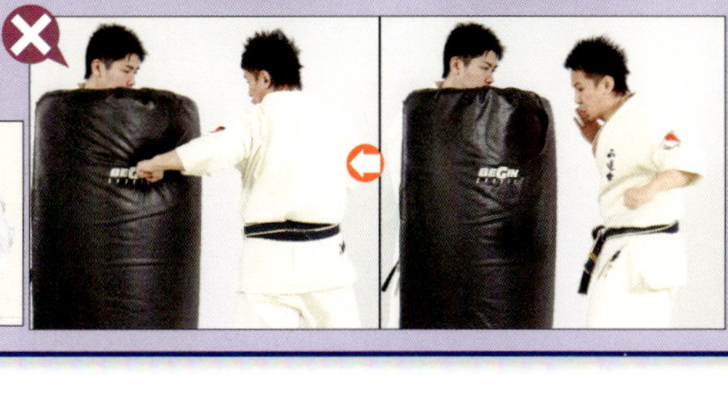

振り打ち

DVD 第1章 Part.5

上から突いてバランスを奪う

振り打ちは、オーソドックスの構えの場合、相手の上体の面に垂直に当てられる左の突きが主になる。組手の構えから、相手の中心に突きが当てられるよう右足を踏み出して、腰の回転で突こう。

体を開いて突いては威力が出ない

力任せに振り回して突こうと体を開いて振りかぶったり、顔や体から突っ込んで突いたりすると、腰の回転が使えず威力を伝えられない。

前足に重心を移しながら、拳を上から振り下ろして突く

組手の構えから、左足に重心を移して、腰→肩を回転させていく。突きの手は、構えの手から脇を開けず腰の回転とともに伸ばして突いていく。

右の振り打ちは、拳を捻りながら出すことで相手の胸を直角に突く

右の打ち下ろしは、突きが相手の上体の面に直角に当たるように、左斜め前に踏み出し、やや拳を捻りながらさらに角度を修正して突く。このとき、重心は左足に置き、腰→肩を回転させながら、体の力で突くことが大切だ。

Point

胸を閉じて突くことが大切

体を開いてヒジが後ろに出ると、突きの威力を伝えることができない。ヒジは両肩を結んだラインより前に置くこと。

突きで倒すための急所を知ろう!

みぞおち

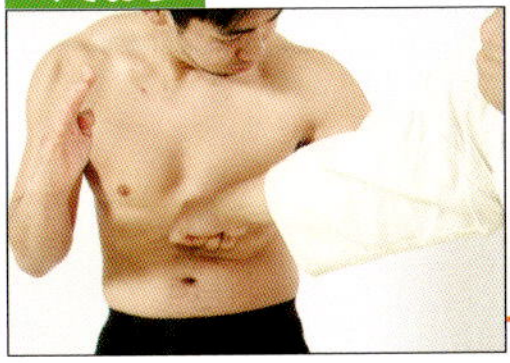

みぞおちは、効かせることはもちろん、相手は腹筋を締めるために不規則に息を吐くので、呼吸が乱れるため、スタミナを奪うこともできる。正拳中段突き、下突きで突く。

上腕

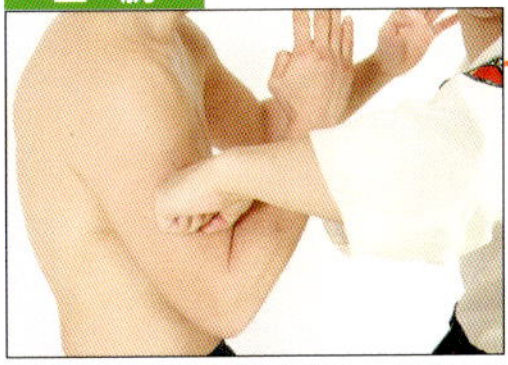

上腕は、肩側の関節部分や、上腕二頭筋の筋肉の間など、肉の薄い部分を、鉤突きで突く。主に相手のガードを下げさせたり、突きの威力を奪ったりするのに効果がある。

肝臓

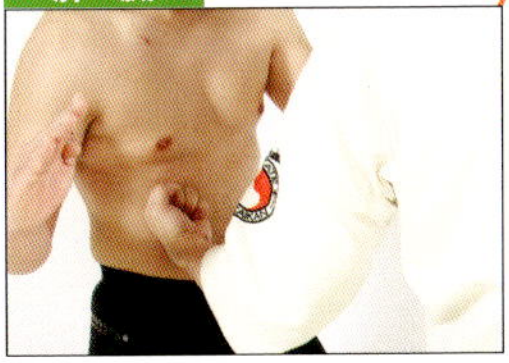

肝臓は代表的な急所である。肝臓自体に痛覚はないが腹膜へのダメージを与えやすい部分である。下突きや中段突きで突くといい。

脇腹

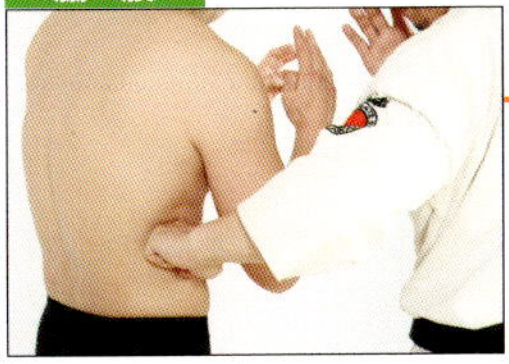

脇腹は、腹直筋と背筋の隙間になるので、隠れた急所である。相手が構えているときはヒジに隠れているので、サイドにステップして鉤突きで突こう。

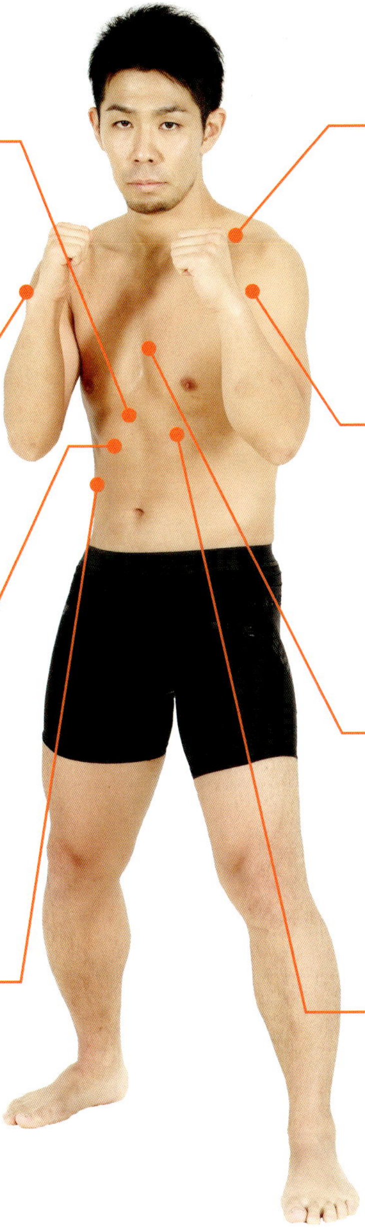

鎖骨

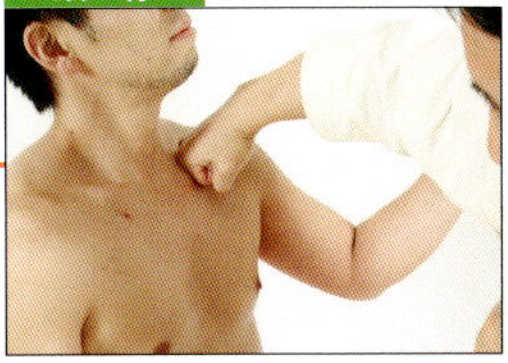

鎖骨は、肉のついていない部分なので、突きの威力を直接伝えることができる。振り打ちなどで狙っていこう。

腕の付け根

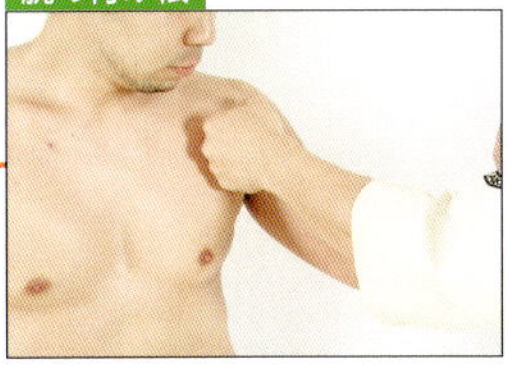

肩は、肉の薄い肩関節のラインに合わせて、拳を縦にした左右の正拳中段突きの縦拳で突いて、相手のガードの意識を奪ったり体勢を崩したりしよう。

胸骨の真ん中

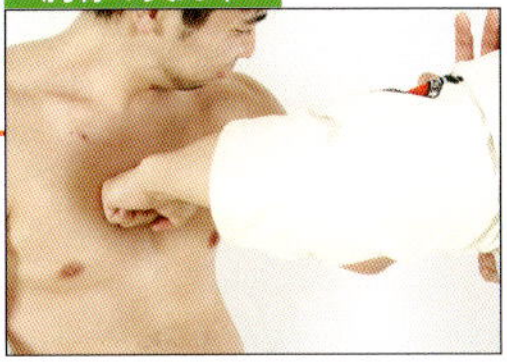

胸骨は、肉の薄い中心の部分を中段突きや振り打ちで狙っていく。上部には関節があるので、ここをピンポイントで狙ってもいい。

胸の下/横隔膜

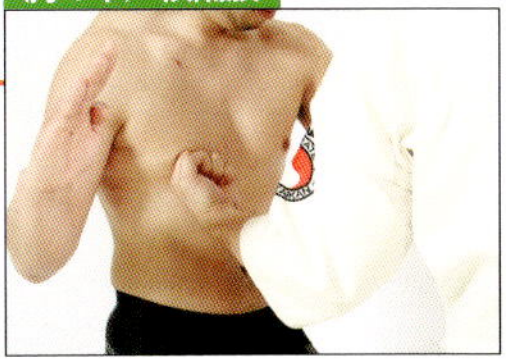

横隔膜は、突きを効かせることはもちろん、相手のスタミナを奪うこともできる。下突きで下から突き上げると肺を圧迫できて効果的だ。

内ハの字立ちによる基本稽古で、技の威力と、スムーズな動きを身に付けることができる

直接打撃制の空手の稽古は、近年、試合に向けたミットやサンドバッグ打ち、スパーリングが中心になっているように感じます。実際に物を叩き、人と向き合いながら技を磨いていくことは重要なことですが、基本がまだ身に付いていない早い段階からこうした稽古を行うと、動きも自己流になり、パワーや勢いに頼りがちになってしまいます。

大切なのは基本です。そこには体の使い方のエッセンスが含まれています。もちろん、時代と共に戦い方も変化していますし、年を追うごとに技術も大きく進化、発展してきました。

ただ、どんなに空手が変わっても、相手との白熱した攻防のなかで、突きや蹴りを正確に出すためには、身体操作の理論に則した反復稽古が必要なのです。実際、顔の向きや突くときの拳の軌跡、重心や軸の作り方で、技の威力やスピードは大きく違います。

本書（P.16 ～ 17）では、突きや受けに必要な重心移動と体の回転を身に付けるための基本を、内ハの字立ちにより説明しています。これは正道会館の基本稽古の、突きと受けのベースとなる立ち方なのですが、これによって、技が流れないようにするための壁の作り方や、体重移動と軸の作り方、さらには股関節の動きや腰の回転を学ぶことができますし、そうした動きを組手に生かすことで、突きでは威力が、受けでは正確さが備わり、さらに、すべての動きがスムーズになります。

また、自分の空手の可能性を試すために他の格闘技と対するときも、練習の段階から順応が早く、大きな武器となってくれるはずです。

サンドバッグやミットに向かう前に、ぜひ内ハの字立ちによる基本で突きや受けの練習を行いながら、体の使い方や力の流れをチェックしてみてください。1年後、そして3年後、あなたの空手はきっと美しく、そして強くなっているはずです。

第2章

Basic Techniques

Kicks

体の使い方と、軸の作り方で、
すべての蹴りは自在に
コントロールできるようになる

基本の蹴り

前蹴り

ボディを刺す、アゴを突き上げる

前蹴りは、空手の蹴りの代表的な技である一方、直線的な軌道で相手のボディを射貫くように蹴る以外にも、相手の前進を止めたり、角度をつけて相手の脇腹をピンポイントで蹴ったり、など、組手の中で攻守を問わず多くの場面で有効な技だ。

中段前蹴り

中段前蹴りは、組手の構えから蹴り足のヒザを抱え込み、腰の回転とヒザ先のスナップで直線的に相手のボディを蹴る。蹴り足を伸ばしたときにバランスを失わないように、軸足の上に重心を乗せて蹴ろう。

軸足に重心を移すことで、シャープに蹴ることができる

左中段前蹴りのフォームを正面から見てみよう。構えから右足に重心を乗せてヒザを抱え込む。このとき、軸足の上にしっかりと立つこと。腰の回転と左ヒザ先のスナップで、相手のボディをまっすぐに蹴る。右の構えの手で“壁”を作ると力が逃げず安定する。

Point 足の母指球で蹴る！

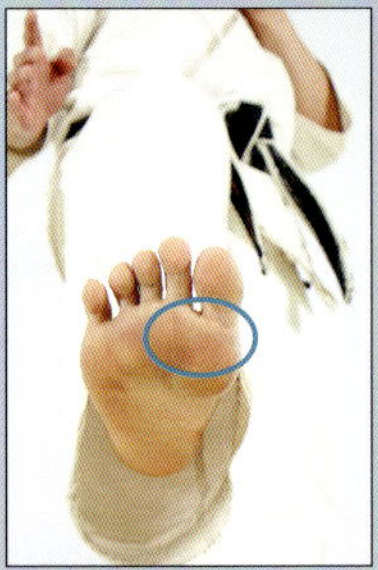

前蹴りは、基本的に中足（足の親指と人差し指の付け根の部分）で蹴る。蹴るときに、しっかりと中足が作れないと威力が伝わらないのはもちろん、ツキ指などのケガの元になる。

軸を崩さずに、しっかりと蹴り足を抱え込む

ヒザの抱え込みは、軸足の上に立って重心を定めて行う。上体を後ろに反らせたり、ヒザの引きつけが甘かったりすると、バランスを崩しやすいし、蹴り終わったあとに、蹴り足を戻せなくなる。

上段前蹴り

上段前蹴りは、相手のアゴを下から蹴り上げる技だ。蹴り方は中段前蹴り同様、軸足に重心を乗せてヒザを抱え込み、腰の回転とヒザ先のスナップで蹴る。蹴り足を高く上げるために、体を後傾させてもよい。

上段前蹴りも、ヒザの抱え込みは同じ高さに

相手に気づかれないよう、上段前蹴りも、中段前蹴りも、ヒザの抱え込みは同じ高さが理想だ。

ガードの腕で〝壁〟を作ると、蹴りが流れない

蹴るときに、蹴り足と反対側のガードの手を引いてしまうと、体が開いてしまいバランスを失いやすくなる。

Point 相手の前進を押さえる前蹴りは、足の裏で蹴る！

前進を止める前蹴りもフォームは同じだが、インパクト後もしっかりと足の裏で相手を押すことが大切だ。

相手の前進を押さえる前蹴りは、足の裏で相手の胸や腹を押すようにする。間合いが近いと相手の前進する力に負けたり、遠いと捌かれてしまったりするので、最適な間合いを練習でつかんでおこう。

上段回し蹴り

DVD 第2章 Part.2

基本の上段回し蹴りは、外から回して相手のアゴを蹴る

上段回し蹴りは、相手を一撃で倒せる蹴り技だ。狙うのは相手のアゴ。右上段回し蹴りの場合、軸足となる前の足に重心を移して、腰の回転とともにヒザを体の中心に向かって上げる。ここからさらに腰を回しながらヒザ先のスナップと軸足の回転を使って、足の甲で蹴ろう。

右上段回し蹴り

ヒザを送り出すことで腰を回す

最初から蹴り足を伸ばすと、遠心力で腰の回転スピードが遅くなる。ヒザを引きつけて腰の回転を軽くすることで、蹴るときのヒザ先のバネがさらに生きてくる。

体を開いて蹴ると威力が出ない

ヒザの引きつけが十分でなかったり、蹴り足と反対側のガードの手を引いてしまったりすると、体が開いてしまい、威力が得られなくなってしまう。

左上段回し蹴り

軸足の上にしっかりと立つと、蹴り足が上がりやすい

蹴り方は右の蹴りも、左の蹴りも同じ。軸足の上に立つと、蹴り足にかかる重心がゼロになるので、足が上がりやすい。あとは腰の回転でリードしながら回して蹴る。

やや遠い間合いからは、腰を大きく回転させて蹴る

上段回し蹴りの間合いは、実は蹴り足を高く上げる分、中段回し蹴りより近い。組手では、まず中間距離まで踏み出して、インパクトの直前に、基本の蹴りからさらに大きく腰を開くことで、蹴りを伸ばすことができる。届かないはずの蹴りが届くので、上段蹴りをスウェーバックでかわす選手には有効だ。

軸足のカカトは、基本的に浮かさない

Point

上段蹴りは、足を上げる慣性で軸足のカカトが浮きやすい。これはインパクトの直前の軸足の回転を助けてもいるので悪いわけではないが、相手との攻防のなかで安定を考えれば、カカトは浮かさないのがベストだ。

△

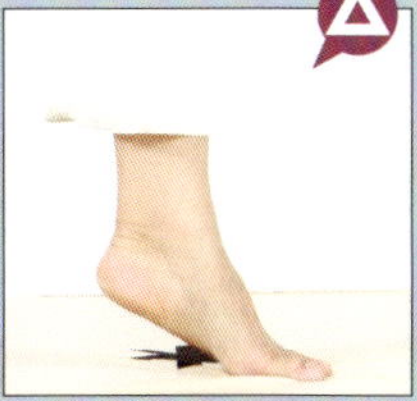

蹴り足を上げにくければ、上体を軸足側に倒して蹴る

体が硬くて足が上がらない人は、フォームを変えてどんどん蹴っていこう。軸足側に上体を倒せば、重心のバランスで足を少し上げやすくなる。

しっかりと腰を回すと、インパクトポイントを深く取ることができ、蹴りに威力が出る

×

腰の回転が足りないと蹴りが浅くなり、当てても倒せない。しっかりと腰を回して蹴ることが大切だ。

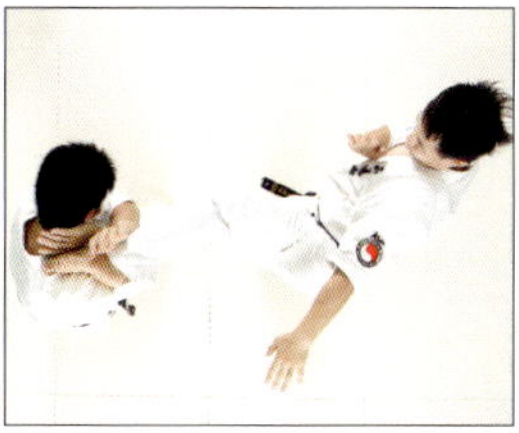

上体を後ろに傾けて蹴ると、反撃でバランスを崩しやすい

×

蹴りを高く上げようと上体を後ろに傾けて蹴ると、相手に受けられたり、押されたりしただけで転倒してしまう。

中段回し蹴り

DVD 第2章 Part.3

すべての攻撃の軸となる蹴り

左中段蹴りは回し蹴りのなかで最も射程距離が長く、攻撃の軸となる技だ。さまざまな間合いから蹴ることができ、蹴り方も豊富で、相手を倒すこともできれば、前進を止めることもできる。

左中段回し蹴り

左中段回し蹴りで狙うのは相手の脇腹だ。組手では右足で踏み込み、前に出る慣性を腰の回転に変えながら蹴ることが大切だ。相手がガードしていても、その上から蹴っていこう。

軸足へ重心を移すことで、蹴り足が走る

基本の蹴り方は、①組手の構えから左足に重心を移し、②腰を左に回してタメを作る。③タメを解きながら右足を踏み出して軸足とし、④腰を回しながらヒザを体の中心まで引き上げ、⑤さらに腰を回してヒザ先のスナップで中段回し蹴りを蹴る。

軸足にしっかりと重心を移さないと、蹴りの速度が遅くなる

Point

早く蹴ろうと、蹴り足に重心を残したまま蹴ると、腰が回らず、蹴り足も上がらない。必ず軸足に100%重心を移し、蹴り足の重心はフリーにしよう。

下から蹴り上げると相手のヒジを蹴るおそれがある

中段回し蹴りを下から蹴り上げると、相手のヒジを蹴ってしまうので、初めは横から腕を蹴るようにしよう。

ステップで間合いとリズムを変化させて、左中段蹴りを蹴る

左右の足をスイッチして、間合いをそのままに左中段回し蹴りを蹴る

左中段回し蹴りを、踏み出さないで、その場から蹴りたいときは、小さくジャンプして左右の足を入れ替えて蹴ろう。左右の足をスイッチするときは、ヒザを柔軟に保ち、肩の高さを変えずに足を入れ替えると、相手に悟られにくい。蹴り足となる左足で床を蹴りながら、蹴りをスタートして蹴る。

サウスポーから、前の足をステップバックさせ、前に出るパワーで蹴る

サウスポーの構えからは、ステップバックで大きくタメを作り左中段回し蹴りを蹴ることができる。前の足となる右足を一旦引き、再び踏み出しながら軸足に重心を移して腰を回転させ、中段回し蹴りを蹴る。前に出る力を腰の回転と蹴りの威力に換えていこう。

軸足を左にシフトして、相手のレバーの裏側を蹴る

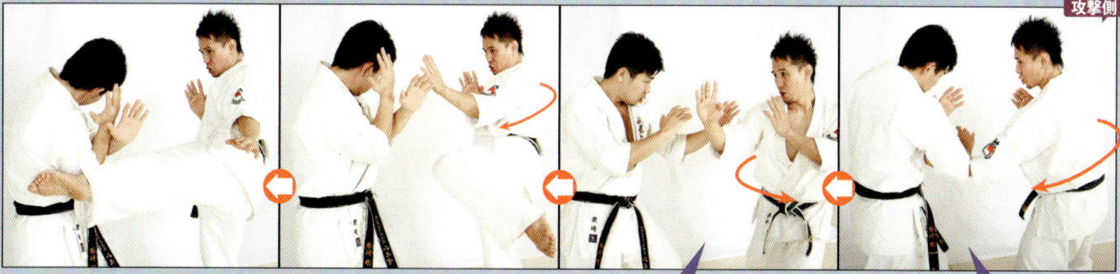

相手のヒジが邪魔になって脇腹を蹴れない場合は、左サイドにステップして相手との角度を変えてヒジの奥を蹴ろう。下突きなどをきっかけに軸足となる右足を左前に移して、ヒジの奥の脇腹を狙って蹴る。それでも蹴りが届きそうもないなら、足首を立てて中足で蹴ってもいい。

左下突きをきっかけに、左サイドにステップする

左中段回し蹴り

DVD
第2章
Part.3

蹴りで相手の前進を止める

　中段回し蹴りは、相手にダメージを与えるだけでなく、前進を止めることもできる。相手が攻撃を仕掛けようと勢いよく入ってきたら、軸足にしっかりと重心を乗せ、蹴り足のスネが相手のボディに正面から当るように、ヒザを内側に入れて蹴る。

攻撃側

ヒザが内側に入る分、相手との間合いは近くなる

基本の中段回し蹴り

前進を止める中段回し蹴り

上から見ると、ヒザが大きく入っているのが分かるはず。相手との間合いも近くなるので、引き寄せてけることが必要だ。

Point

横から回す中段回し蹴りでは、相手の前進は止めにくい

攻撃側

基本の中段回し蹴りは蹴り足が側面に当るので、前進する相手にはそのまま攻め込まれてしまう恐れがある。

相手の前進が速いと、蹴り足が当たる前に懐に入られてしまう。中段回し蹴りはスピードとタイミングが大切だ。

相手の前進を止める蹴り

スネで押すのではなく、しっかりと蹴ることが大切！

基本の蹴り

ヒザの抱え込みまでは、基本の回し蹴りと同じ。スネで前に押すのではなく、斜め前方向からしっかりと蹴る。

右中段回し蹴り

パワーを乗せて、相手の脇腹を蹴る

右中段回し蹴りは、奥の足から体重を乗せて蹴ることができる。相手がオーソドックスで構えている場合は上体が逆を向いているので、ボディ側面を狙って蹴るのが基本だ。

軸足に体重を乗せて蹴ることで重みが増す

右中段回し蹴りは、構えから、軸足となる左足に重心を乗せて軸とし、腰を回しながらヒザを身体の中心に抱え込んで、腰の回転とヒザ先のスナップで蹴る。回転方向に力が逃げないよう、左手の構えた手で〝壁〟を作っておこう。

相手の脇が空かなければ、ガードの上から蹴っていく

中段回し蹴りは、相手がガードのヒジを下げると脇腹を蹴れなくなる。そんなときは、相手のヒジの側面を蹴って、ヒジをボディにめり込ませて効かせよう。

なぜ中段回し蹴りは、〝攻撃の軸〟といわれるのか？ その理由は間合いにあった

中段回し蹴りは、回し蹴り系の技の中で、もっとも遠い間合いから蹴ることができ、攻撃のきっかけ作りができる。威力もあり、角度による蹴り分けなど蹴りの種類も豊富で、これが攻撃の軸といわれる理由だ。

中段回し蹴り

上段回し蹴り

下段回し蹴り

DVD
第2章
Part.4

下段回し蹴り

中間距離からの下段回し蹴りは、腰の回転で蹴る

下段回し蹴りは、相手の足を蹴ることで崩しや効かすことができる、いわば攻撃の要の技だ。極めれば、他の技やステップとつないで攻撃の範囲を大きく広げることができる。まずは基本の蹴り方と、どこをどう蹴れば効かせることができるかを知ろう。

下段蹴りの威力は、重心移動が作る!

基本の蹴り方だが、左下段蹴りの場合、左足に重心を移しながら腰を回転させてタメを作り、軸足となる右足で前に踏みだし、腰の回転とともに下段回し蹴りを蹴る。当てる足の部分は、間合いや狙う部分で異なる。

下段回し蹴りで狙う急所

後ろの足の太腿

奥足は、足の側面の筋肉と筋肉の隙間や、ヒザの皿の上の外側部分を、足の甲の骨の突起部分で蹴る。

ヒザの内側

前の足、後ろの足の内側とも、肉の付いていないヒザの内側を、足の甲の骨の突起部分で蹴る。

足の付け根

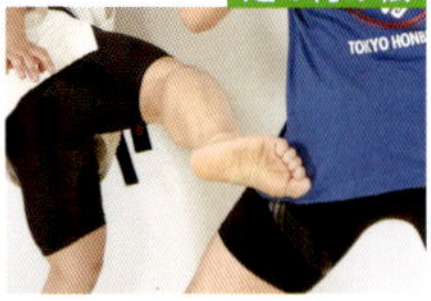

足の付け根の肉の薄い部分を、足の甲の骨の突起部分で蹴る。効く部分は指で押すだけでも痛い。

太　腿

前の足の太腿は、側面の筋肉の間を足の甲の骨の突起部分で蹴ったり、正面の筋肉をスネで潰したりする。

ヒザ上

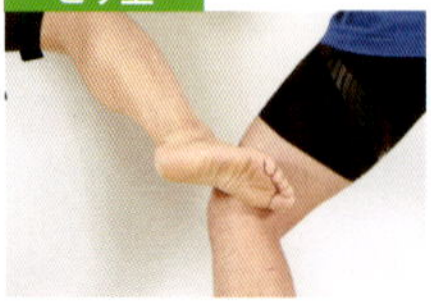

足の甲の骨の突起部分で、肉の付いていないヒザの皿の上の外側部分を蹴る。

接近戦での下段回し蹴りは、上から落とす

接近戦での下段回し蹴りの威力は絶大で、相手の攻勢を止めることもできれば、一発で効かせることもできる。大切なのは、ストロークが稼げない間合いだからこそ、足の力のみに頼らず、腰の回転でを使って蹴ること。また、固いスネの内側をしっかりと当てることだ。

スネの内側を上から落とす

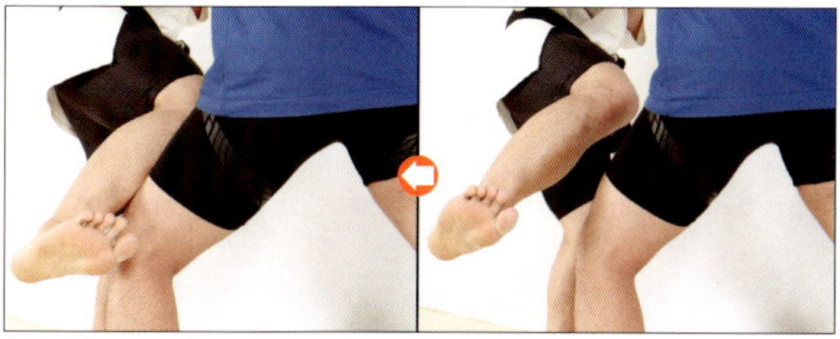

太腿に対して、スネの内側の骨の部分を、腰の回転で上から落とすようにして蹴ろう。蹴りの軌道が小さくても、確実に蹴ることができる。

ヒザを内側に入れるように蹴る

接近戦での下段回し蹴りは、ヒザを内側に入れながら、スネを相手の太腿の上面に平行になるようにヒザを抱え込んで蹴る。

Point

後ろの足への下段回し蹴りは、右サイドに踏み出して蹴る

接近戦の場合、後ろの足は正面のポジションから蹴っても蹴り足と相手の太腿の急所の角度が合わない場合があるが、右サイドに踏み出すことで、効かせることができる。

正面から蹴りにいくと、相手に押されてバランスを崩すことも

後ろの足への下段蹴りは、踏み込みが大きいため、相手に押されて崩されることがある。そのためにも、正面ではなく、ややサイドに立つ方がいい。

DVD
第2章
Part.4

とで、下段蹴りを確実に効かせていくことができる！

りをより効かせることができる。ここでは突きからの、効かせる下段回し蹴り、崩す下段回し蹴りを紹介しよう。

突きで相手が前に出てきたら、重心のかかった前足を蹴る

組手の構えから、前の足の内股への左下段回し蹴りをきっかけに蹴り足で踏み込み、一気に間合いを詰めて相手にプレッシャーをかける。

突きで相手が下がったら、重心のかかった後ろ足を蹴る

組手の構えから、相手の前足に左下段蹴りを蹴り、その蹴り足で踏み込んで右中段逆突きを突く。下突きにつなげるので間合いをしっかりと保ちながら突くことが大切だ。

相手がどっしり構えていたら、前後の足を蹴り分けてダメージを与え、バランスを奪う

組手では、常に相手の重心の位置を意識していることが大切だ。構えから踏み込んだとき、相手が右下突きで攻撃してきたら下段払いで受け止め、相手が突き手を引くと同時に前に踏み込む。

相手の突きに内股下段回し蹴りを合わせる

攻防は、相手との押し引きでもある。右の逆突きから左下段回り蹴りで先に攻撃した際、相手が右の振り打ちで反撃してきたら、前の足に重心が乗っているので、内股への左下段回し蹴りを蹴ろう。

応用編

相手の重心をコントロールするこ

突きなどで、相手の重心をコントロールすれば、下段回し蹴

左下突きを突くと、相手は下段払いで受けるために前の足に重心を移すので、そこに落とすように右下段回し蹴りを蹴ろう。相手は反射的に後ろ足に重心を戻すので、そこを後ろの足の内腿への下段回し蹴りで崩す。

相手は突きながら前にてくる

重心がかかった前の足を蹴る

左下突きを突き、さらに相手にプレッシャーをかけ、腰を左に回してタメを作ったら、相手の重心がかかった後ろの足に、右足を送りながら左の下段回し蹴りを蹴る。

下突きで相手の重心を後ろにかけたら

タメを作りながら踏み込んで

後ろの足を蹴る！

踏み込んで、相手の後ろの足を左下段回し蹴りで蹴ったら、右の逆突きでさらに前にプレッシャーをかけて相手の前進を誘う。相手が前の足に重心をかけてきたら、前の足の内股へ下段回し蹴りを蹴ってバランスを奪う。

後ろの足を蹴ってダメージを与える

相手が重心を前に移してきたら

前の足の内股を蹴って、バランスを奪う

Point ヒザ上を引っかけるように蹴ると、相手は崩れる！

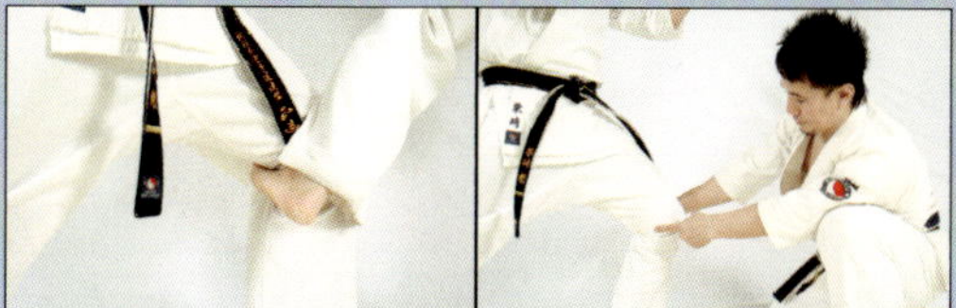

相手の前の足の内股を蹴ってバランスを奪う場合は、蹴り足の足首を 90°に曲げて、相手のヒザの内側にひっかけるように水平方向に蹴ると、確実に崩すことができる。

内股への下段回し蹴りでバランスを奪う

後ろ蹴り

DVD
第2章
Part.5

回転精度を高める練習をすれば誰でも蹴ることができる

後ろ蹴りは、回転系蹴りの中で最初にマスターすべき技だ。ポイントは回転時の精度。ブレることなく回転し、蹴りをまっすぐに出せれば、固いカカトを相手のボディに蹴り込むことができる。

中間の間合いからは、前に出る勢いをそのまま蹴りの力に換えて蹴ろう。組手の構えから、振り返りながら、前の足である左足を、相手の前の足の延長上に踏み出して軸足とし、振り返って相手を見たら、蹴り足のヒザを抱え込み、相手のボディにめがけてカカトから蹴り込もう。

体を相手に向けて、目でしっかりと捉えて蹴ることが大切だ

組手の構えから、左足を右足の反対側に踏み換え、軸足とする。腰を回転させて振り返る。相手をしっかりと見て、カカトから相手のボディに蹴り足を伸ばす。このとき、馬の蹴りのようにまっすぐに足を出すことが大切だ。

Point

お尻を横に向けてしまうと、蹴りが流れやすい

振り返るときに、お尻もいっしょに回転させてしまうと、蹴りが横に流れてしまう。振り返るときは、上体をねじって肩越しに相手を見てから蹴るといい。

上段後ろ蹴り

下から伸びてくる 視覚的に わかりづらい 必殺蹴り

上段後ろ蹴りは、急角度で立ち上がるので、視覚では捉えにくい。蹴り方は後ろ蹴りと同じ。左足をステップして軸足にし、振り返って蹴る。下からアゴを突き上げるように蹴ろう。

蹴り足は、まっすぐに伸ばすこと。試合中に、フェイントとして中段後ろ蹴りを1～2回蹴っておき、フィニッシュに上段後ろ蹴りを蹴ると有効だ。

軸足のステップが不十分だと、相手を正確に蹴ることができない

踏み出した軸足が、相手の前足の内側だと、骨盤の幅があるため、まっすぐに蹴り足を伸ばしたとしても、左サイドに抜けやすい。

相手の前足の前に軸足を置く

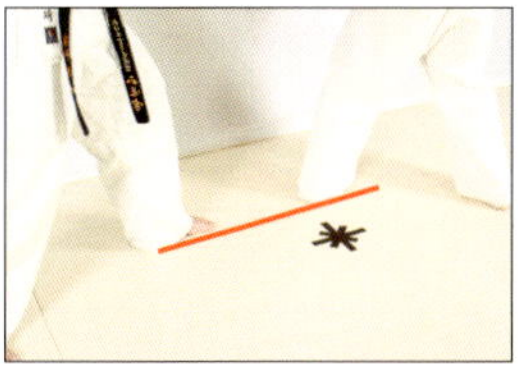

後ろ蹴りの軸足は、踏み換えたときに、相手の前の足の前に置くこと。お尻が相手に向くので、蹴りの正確な軌道が得やすい。

Point 蹴りの軌道は、ヒザとカカトのラインで決まる！

これは後ろ蹴りの鉄則だが、ヒザとカカトのラインは、蹴る前から狙う場所に向けておくことが大切だ。

上体を横に向ければ、横蹴りになる！

DVD 第2章 Part. 7

後ろ蹴りのフィニッシュで上体と骨盤を横に向けると、そのまま横蹴りになる。横蹴りが難しいと感じたら、後ろ蹴りから練習しよう。

上段後ろ回し蹴り

DVD 第2章 Part.6

回転するのではなく、上体をひねって解放する意識で蹴る

空手の華麗な技のひとつに数えられる後ろ回し蹴りは、実戦性も高く、一本勝ち率も高い。カカトでアゴやこめかみをポイントで狙い、蹴り抜く精度が必要とされる技である。利点は、利き足である右の蹴りで、相手の上体の向きに合う左の蹴りと同じ軌道で蹴れることだ。

蹴り方は後ろ蹴りと同じで、相手の前の足の直線上に軸足を置き、振り返ってお尻を向けてから、蹴りをスタートさせる。狙うのは相手のアゴ。大きく回すと遠心力で蹴りの速度が落ちるので注意しよう。

回転しながら蹴るとバランスを崩しやすい

蹴り足を大きく振って蹴るとバランスを崩しやすい。蹴りをスタートさせるのは、相手にお尻を向けてからだ。

軸足のステップで体をひねり、それを解放しながら蹴る

組手の構えから、軸足となる左足を、相手の前足の延長線上に置く。上体をひねって相手にお尻を向けたら、肩越しに相手を見て、ひねりを解放するようにカカトで相手のアゴを蹴ろう。

間合いが近い場合は、内回し蹴りのように蹴る

間合いが近い場合は、カカトで蹴るのが難しいので、上体を起こして遠心力を使い、上段内回し蹴りのようにツマ先を上にして足の外側の側面で蹴ろう。

応用編

蹴りのインパクトの角度は、軸足の位置でコントロールする

**アゴなどを
深く蹴りたい場合は、
相手の前足の外側に
軸足を置く**

深く蹴りたい場合は、軸足を相手の前足の外側に置く。回転軸が相手に向かって相手より右にあると、より深く蹴ることができるからだ。上段回し蹴りで倒せるかどうかは、最初にこの軸足を置く位置で決まるといえよう。

**ガードを避けて
側頭部を蹴りたい場合は、
相手の前足の内側に
軸足を置く**

相手のガードが堅いときや、間合いが近いときは、軸足を相手の前足の内側に踏み出して回転し、相手の後頭部を蹴ろう。ただし、軸足が相手の頭より外にある分、より回転角を深く取ることが必要だ。

後ろ回し蹴りへのコンビネーション

中段突きから体の捻転を作って上段後ろ回し蹴りを蹴る

上段後ろ回し蹴りへはスムーズに回転につなげられる左の突きからがいい。右中段突き→左下突きから回転して上段後ろ回し蹴りを蹴ろう。

DVD 第2章 Part.8

中段ヒザ蹴り

接近戦で倒すことも、圧倒することもできる！

中段ヒザ蹴りは、接近戦での、突きとのコンビネーションで圧倒的な威力を発揮する。その威力は突きの数倍。腹部正面や脇腹を狙って、ヒザを尖らせて突き刺そう。

両ヒザをすり合わせるようまっすぐな軌道で、ヒザを前に突き出す

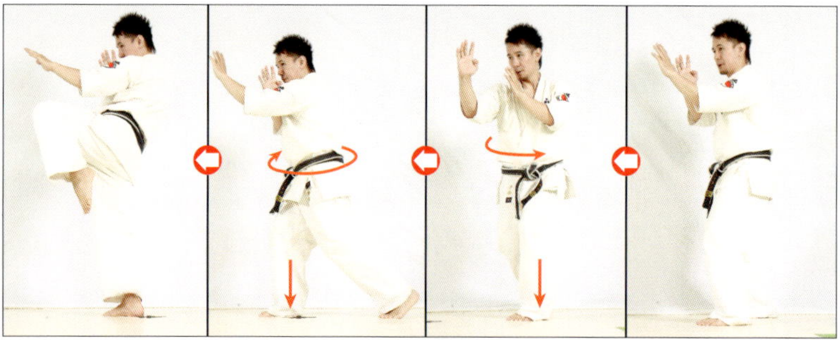

組手の構えから、左に腰を回転させてタメを作り、それを解くように右足を踏み出して重心を乗せて軸足とし、腰を右に回す回転で、両ヒザをするような軌道で左のヒザを突き出す。

上体をひねってバランスを取ろうとすると、蹴りが伸びない

ヒザを前に送るときに、バランスを取ろうと上体を腰の回転と逆方向にひねると、回転にブレーキがかかり伸びがスポイルされてしまう。

Point 足の内側の筋肉で、鋭角なヒザを作る

ヒザを鋭角に尖らせるには、太腿の裏の筋肉を使ってしっかりとふくらはぎを引きつけることが大切だ。逆に、太腿の外側の筋肉だと、ヒザが尖りにくい。

上段ヒザ蹴り

接近戦で一本勝ち率No.1の蹴り技

上段ヒザ蹴りの間合いは互いの足が交差する超接近戦。体の全身のバネを使って蹴る。相手のアゴを下から突き上げるもよし、横から蹴るもよし、跳んで蹴ってもよし、だ。

基本は、全身のバネを使って、まっすぐにヒザを上げる

組手の構えから、左足に重心を移して左に腰を回転させてタメを作り、それを解くように軸足となる右足を踏み出して腰を回転させ、軸足のヒザをはじめとする全身のバネを使ってヒザをまっすぐに上げる。

Point 相手のツマ先より遠いと、ヒット率が格段に低くなる

上段ヒザ蹴りは間合いが大切だ。軸足は相手の前の足と並ぶように外側に置くと、相手の両手のガードの間から蹴り抜くことができる。

DVD 第2章 Part.9

上段内回し蹴り

試合の流れを変えると同時に、一本勝ちも狙える蹴り

基本稽古にもある上段内回し蹴りは、近年、倒し技として、また有効なつなぎ技として注目が集まっている。比較的近い間合いから、上体の向きを大きく変えず上段を蹴ることができ、軌道も他の蹴り技と異なるので、相手に分かりづらいというのが大きな特徴だ。

内回し蹴りで大切なのは間合いだ。右前蹴りや、前足への右下段回し蹴りの間合いで、フェイントの蹴りとつないで蹴ると効果的だ。離れた間合いからでは、相手に蹴りの軌道を読まれ簡単によけられてしまう。

股関節を軸に骨盤を左右に回転させて、ヒザ先のスナップで蹴る

組手の構えから、左足に重心を移して軸とし、腰を左に回しながらカカトを左外に出すように、ヒザを体の中心まで抱え込む。ここから腰の回転を逆回転させ、ヒザ先のスナップを使って、足の甲でムチのように相手のアゴの側面を蹴ろう。

下段蹴りで相手の意識を引きつけ、内回し上段蹴りでしとめる

組手の構えから、右下段回し蹴りを蹴って、相手の意識を右の下段に引きつける。もう一度、右下段回し蹴りにいくと見せかけて、右上段内回し蹴りで相手の反対側の顔面を蹴ろう。下段から上段、右から左のダブルフェイントになる。

DVD
第2章
Part.10

縦蹴り ブラジリアンハイキック

死角を突き、相手の上に蹴りを振り下ろす

縦蹴りは、相手の頭上から蹴りを落とす大技である一方、蹴りの軌跡が長いため、離れた間合いから蹴るとかわされやすい。相手の右の内股への下段蹴りをすかしてヒザを上げ、そのまま縦蹴りにつなぐなど、他の技と連携して蹴ろう。

蹴りの始動は前蹴りと同じ。軸足を返すことで角度を変え、蹴り足を上から落とす

右縦蹴りの場合、組手の構えから左足に重心を移し、軸足を回転させせながらヒザを抱え込み上げていく。ヒザの抱え込みがピークに達したら、さらに軸足を返すとともに、ヒザを軸に蹴り足を上下反転させて、上から蹴り下ろそう。

ヒザ先のスナップと腰の回転で蹴る

振り上げた蹴り足は、腰の回転とヒザ先のスナップ、股関節を閉じることでインパクトする。正確な軌道で蹴れるようにミットなどで練習をしよう。

Point

始動で体を開いてしまうと、相手に悟られやすく、また蹴りにパワーが乗らない

蹴りの始動で、足を上げようと体を開いてしまうと、相手に気づかれて間合いを詰められてしまう。できれば、下段蹴りや前蹴りとの連携で蹴ろう。

上段蹴りのためのストレッチ

上段蹴りに必要なのは総合的な柔軟性だ

　上段蹴りを意のままに蹴るためには、やはり柔軟性が必要だ。多くの人は、開脚を柔軟性のバロメータにしているが、必要なのは臀部をはじめとする腰回りや上半身など、総合的な柔らかさだ。柔軟性は短期間では得られない。蹴りのフォームをイメージしながら動きと関連づけるように、毎日、コツコツとストレッチに取り組もう。

股関節を回転させる

股関節はボール状の関節だ。足の裏を合わせて前に抱え、前屈して胸をつけると骨盤が動き股関節が回転する。

臀部の筋肉を伸ばす

ヒザを曲げて前後に足を置いて前屈し、上半身を左右に振るなど、多角的にお尻をストレッチしよう。

蹴りのフォームに近い状態で伸ばす

ストレッチは、なるべく蹴りのフォームに近い形で行うのがいい。前にヒザを抱えたり、またサイドに足首を抱えて、臀部や股関節のストレッチを行おう。

人体構造上、関節の可動範囲はそれほど広くない

関節の稼動範囲は決まっており、前にヒザを上げる屈曲は約120°、横に脚を上げる外転は約30°だ。つまり上段蹴りは、上体を倒したり、腰を回したりしながら複合的な動きで蹴り足を上げなければならない。だから、全身の柔軟性が必要なのだ。

垂直に伸びる横蹴りも、股関節の柔らかさだけでは蹴ることができない。臀部や脇腹などさまざまな部分の柔軟性を備えていてこそ可能になるのだ。

開脚と上半身をリンクさせて伸ばす

ストレスがかからないように開脚する

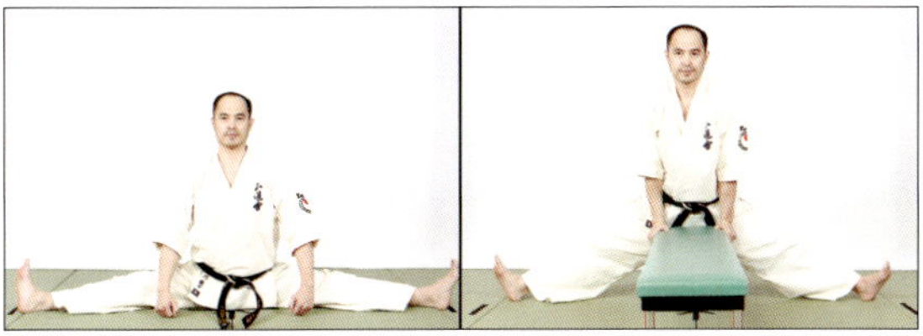

開脚は、恐怖心からくる身体のこわばりが最大の敵だ。長椅子などに捕まりながら、股関節に体重がかからないようにして、次第に開いていこう。

上半身を伸ばしながら、下半身にリンクさせていく

開脚のストレッチは、前屈したり、左右に上体を倒したりするなど、上半身の動きと連動させていくことも大切だ。

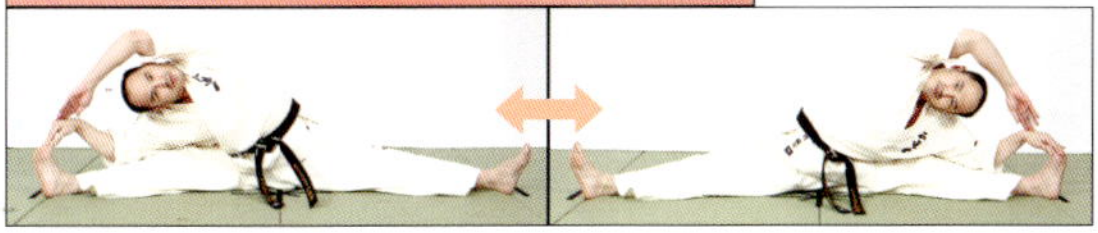

足を振り上げて“動的ストレッチ”を行う

一番大切なのは、動的ストレッチ。仲間の肩を借りて、まずは前蹴上げから、次に上段回し蹴りへと行っていこう。

大腿骨と骨盤の位置関係を変える

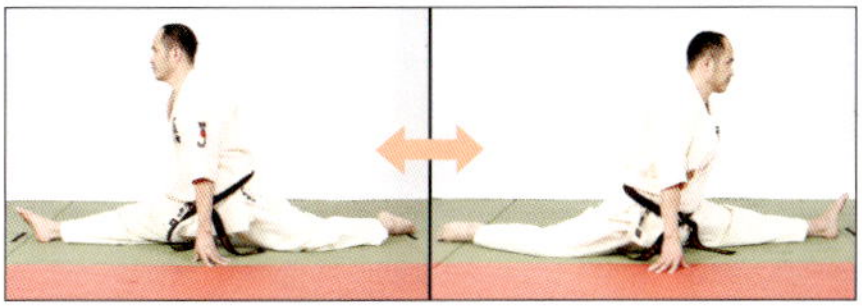

開脚しながら、左右に上体を向けて骨盤を回転させ、股関節の柔軟性を高めよう。

骨盤を立てて動かす

開脚から“せり上がり腕立て伏せ”のようにして、股関節を回していこう。

筋膜をほぐす

太腿の裏をほぐす

ストレッチと同時に、太腿や側面などを手のひらで押したり、足で踏んだりして、筋膜をほぐすと効果が上がりやすい。

足の前面をほぐす

太腿の前面は、正座して筋肉を伸ばし、適度な強さで踏んでもらうとほぐれやすい。

足の側面をほぐす

開脚などストレッチのフォームで、ストレスがかかっているところをチェックし、仲間と協力し合ってほぐしていこう。

"なんでもできる"が、勝利の絶対条件！もう得意技ひとつで、試合に勝てる時代ではない

80年代の空手ブームの頃は、"上段回し蹴りの名手"や、"下段蹴りの鬼"など、選手の得意技がそのままキャラクターとなり、人気を博しました。多くの人が魅了され、道場では、みんながその技を真似て練習したものです。

現代の空手の大会では、そうした選手も少なくなり、ファンからは「昔はよかった」「最近はつまらなくなった」などの声も聞かれます。大会の開催側としても、キャラクターを持った特徴のある選手に出てきてほしいのは事実ですが、ただこうした選手が生まれにくくなったことには理由があります。

80年代は、直接打撃制の大会が開催されるようになってようやく10年を越えた頃で、技術的にも黎明期といえる時代でした。また当時の選手には、20歳前後から空手を始める人も多く、大会も年に一度の全日本しかありませんでしたから、試合経験が少ない選手が多かったのも事実です。

現在は、選手の多くが子供の頃から空手に親しみ、全日本の上位となると青少年大会で活躍した選手も少なくありません。彼らは空手のあらゆる技を駆使し、また巧みな戦術を武器に、頂点を争っています。いってみれば、"なんでもできる"が勝利への条件で、今やその流れは女子や壮年の全日本大会にも影響し、テクニシャンが多く育ち、観客を楽しませてくれています。

ジャンケンでも、グー、チョキ、パーの３つが出せて、初めて勝負になります。空手もこれは同じ。オールラウンドプレーヤーになることはたいへんですが、空手の醍醐味と思って、多くの技が使えるように稽古に励んで下さい。

第3章 Parrying Punches

突きに対する受け

効かされない、押し込まれない
確かなディフェンス・テクニックこそが、戦いを制する

正拳中段突きを外受けで受ける

正拳中段突きは、攻撃の軸となる技で、コンビネーションのきっかけとなったり、倒すためのフィニッシュになったりする。いいかえれば、これを確実に受け流すことが、相手を制することにもなるだろう。大切なのは、腕だけで受けるのではなく、重心移動と腰の回転を使って全身の動きで受けること。腰を回転させれば、上体の半身をしっかりと取ることができるし、相手の突きを力強く流すこともできる。

中間距離の間合い

手先だけでなく、全身をしっかりと動かして受けることが大切!

順突きを受ける

逆突きを受ける

相手が踏み込んで順突きを突いてきたら、前の足に重心を置いて腰を回転させ、体全体で半身を切りながら外受けで受けよう。このとき、突きを受けるのは前腕部の筋肉の部分でヒジは約 90° に保つことが大切。逆突きの場合も同様に、腕だけでなく、前足への重心移動と腰の回転を使い、全身の動きで受けよう。

受けのフォームも突きや蹴りと同じ。重心移動と腰の回転でポジションを変化させ、力を生み出す

正面から外受けの動きを見てみよう。突きと同じように、前の足に重心を移して腰を回し、大きく半身を切って全身の動きを使って外受けを行っているのがわかるだろう。

接近戦の間合い

接近戦での突きは伸びてくるので、腰を回し半身を切って確実にかわす

接近戦になると、相手は体重を乗せて突き込んでくる。中間距離とは突きのパワーも伸びも違うので、さらに重心移動と腰の回転を使って確実に半身を切って、突きをかわすことが必要だ。

接近戦

中間距離の間合い

接近戦

中間距離では、相手の突きの伸びに限りがあるが、接近戦では、相手がヒジを伸ばすだけで大きく伸びてくる。突きのパワーに負けないよう、受けの手を腰の力で外から回し、相手の突きを捉えて、半身を切りながら受け流そう。突きは、前腕部の筋肉の部分で受けること。

突き手を伸ばし、腰の回転で半身を切って相手の突きを受け流す

受けの手を縮めて、胸の前で相手の突きを受けると、連打された場合、あっという間に押し込まれてしまう。受けの手のヒジを90°に保って伸ばし、相手の突きが自分の胸の前を流れていくように、半身を切って受け流そう。

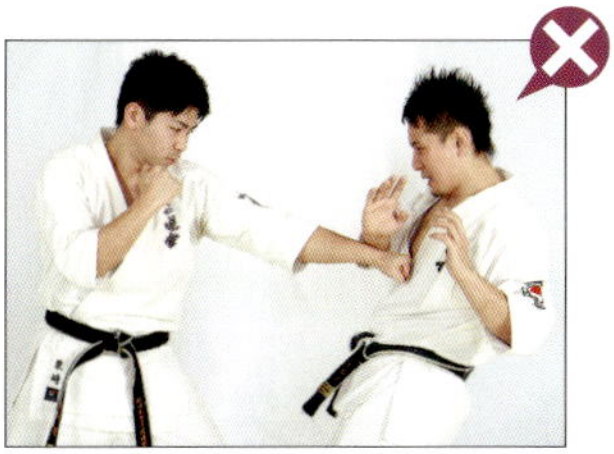

下突きを下段払いで受ける

DVD 第3章 Part.1

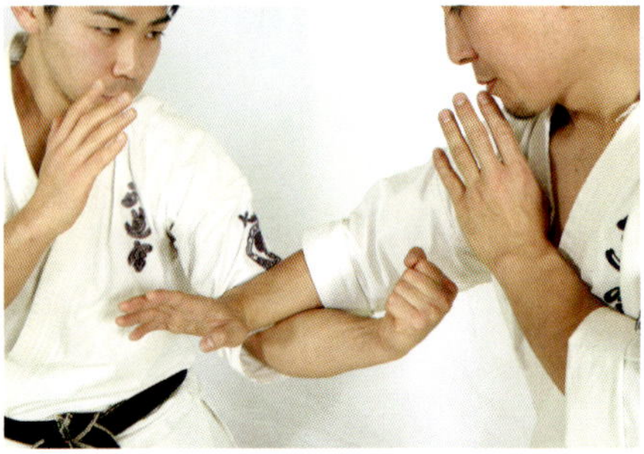

下突きは、パワーも伸びもあり、連打も効くので、ボディを効かされたり、圧倒されたりする前にしっかりと受けることが必要だ。下突きは、文字通り下から大きく伸びてくるので、下段払いで相手のヒジ関節を上から押さえて止めよう。ここでも大切なのは、前の足への重心移動と腰の回転。腕の力だけでなく、半身を切りながら、全身の動きで止めていくことが大切だ。

突きが伸びてくる前に押さえるのが鉄則

下突きは、伸びてくるほどに、相手の突き手のヒジの角度が浅くなり、また威力も増してくる。ヒジが伸びる前に、確実に押さえてカットすることが大切。

重心移動して腰を切りながら、前方下に相手の突き手を押さえる

組手の構えから、前足に重心を移して腰を回転させ、下段払いで相手の突きを止めていく。手首関節のへこみを相手のヒジ関節の内側にはめるようにして押さえよう。このとき、上段へのガードの意識を忘れずに。

前腕を押さえようとすると、突きが止まらない

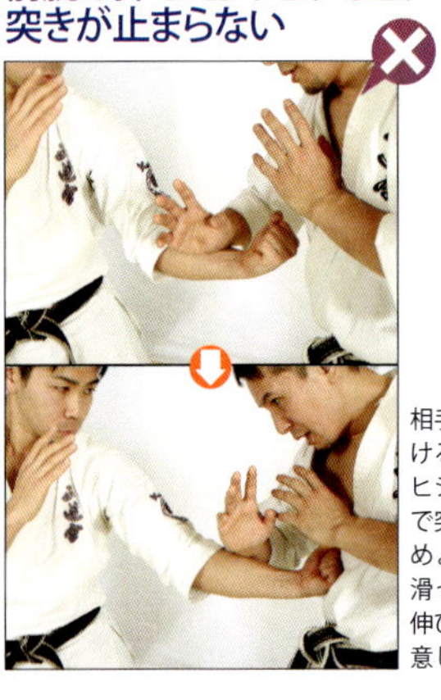

相手の突き手を受ける場所は、必ずヒジ関節だ。前腕で突きを受けて止めようとすると、滑ってボディまで伸びてくるので注意しよう。

下半身を柔軟に保つことで、懐の深さを変化させられる

受けで大切なのは、下半身を柔軟に保つこと。腰の回転スピードも速くなり、なにより腰の前後左右の動きが可能になるので、相手の突きに対して懐を深く保つことができる。

DVD 第3章 Part.1

鉤突きを下段払いで受ける

脇腹を狙った鉤突きも、下突き同様に下段払いで受けるのだが、下突きが下方向に払うのに対して、鉤突きは外側方向に払う。これは、相手の突きの軌道によって、受ける力の方向が変わったと考えればいい。突きを振り回してくる相手であれば、身をよじり逃げたくなるが、大切なのは突きが伸びてくる前に止めてしまうこと。自信を持って受けよう。

Point

相手のヒジ関節を押さえれば、突きは伸びてこない

下突きと同様、相手の突き手のヒジ部分に、自分の手首の関節から前腕部を引っかけるようにして受けると、相手の突きが伸びてこない。

腰を回転させることで、受けの空間を広げることができる

組手の構えから、前の足に重心を移して、腰を回転させて半身を切りながら、外へと受け手を伸ばす。前足を軸に腰をしっかりと回転させて肩を正面に向けるようにして、受け手を外に伸ばそう。

相手の突きを手元で受けると連続技を受けやすくなる

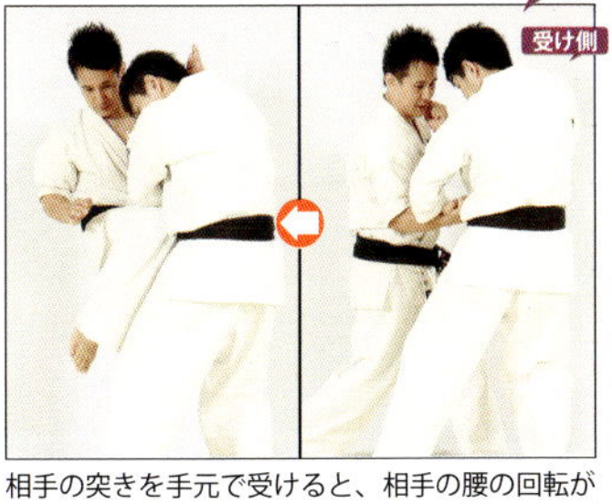

相手の突きを手元で受けると、相手の腰の回転が大きくなるので威力もあり、また次の技につなげるタイミングも取られやすくなってしまう。受ける手は必ずヒジを伸ばして早いタイミングで受け、相手のリズムを崩してしまおう。

腰を回して受けることで、次の攻撃にスムーズに移ることができる

腰をしっかりと回転させていれば、それがタメになり、すぐに反撃に移ることができる。相手の左中段鉤突きの場合は、相手の上体の面が自分の左を向くので、ボディへの左下突きで返そう。

振り打ちを上げ受けで受ける

DVD
第3章
Part.1

大会などでは、相手の振り打ちを外受けで受けるシーンを目にするが、サイドステップなどを行わない限り被弾は免れない。振り打ちは、上げ受けで相手のヒジを押さえる方が確実だ。突きの軌道の途中で止めてしまえば、相手のボディが空くので、ヒザ蹴りや突きで反撃することもできる。

突きが伸びてくる前に押さえるのが鉄則

振り打ちは、突きの軌道が長いため威力がある。前の足に重心をおき、前腕を相手のヒジにかけるようにして、止めよう。

手元で受けようとすると押し込まれる

相手の突きを手元で受けようとすると、受け手が滑ったり、突きの勢いで押し込まれてしまうことがある。

腰を回転させながら、受け手を斜め上に上げる

上げ受けは、前足に重心を移し腰を回転させながら、肩が前に回転する力で、受ける手を上に伸ばしていく。

相手のヒジ関節をしっかりと前腕で押さえることが大切

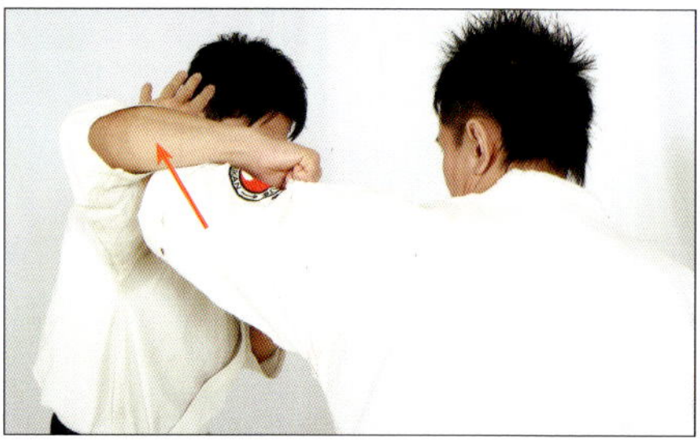

受ける手の前腕を相手のヒジにかけるようにして受ける。ヒジは必ず曲げておくこと。伸ばすと関節を痛める恐れがある。

ラッシュを捌く

DVD 第3章 Part.1

相手が、試合のラスト30秒にラッシュをかけてきたら、相手の突きを捌いて、早めに自分が攻撃しやすいポジションを得るのが得策だ。大切なのは、腰を回転させてしっかりと半身を切り、突きをまともに受けないこと。突きを受け流したら、すぐにサイドに回り込んで反撃しよう。

上体が正面を向いていると、突きを受け流せない

相手の連打に受けが間に合わないと考えずに、しっかりと上体を回転させて半身を切り、突きを受け流そう。相手の前進に合わせて、サイドにステップして連打を受け続けないこと。

身体を正面に向けていると、次第に流れた突きが体に当たりだし、ラッシュに捕まってしまう。

体全体を回転させて突きを受け流す

突きを受け流してサイドポジションを取る

ラッシュに捕まらないためには、早めに相手のサイドにポジションを変更し、反撃しよう。例えば、相手の左直突きをきっかけにサイドにステップし、左直突きをボディに突く。相手にガードの意識を芽生えさせれば、ラッシュを止めることができる。

下段蹴りで相手を崩し、サイドポジションから攻撃することで、相手のラッシュを止める

Point

相手とのラッシュの攻防で、自分の右の突き、もしくは受けの腰の反転を使いながら、左下段回し蹴りを相手の内股に蹴って崩し、さらに反対側にステップして左鉤突きで脇腹を突き、打ち合いを止める。

COLUMN

相手をまっすぐに見て構えるだけで、相手の〝隙〟が見えるし、自分の構えに〝隙〟が生まれない。

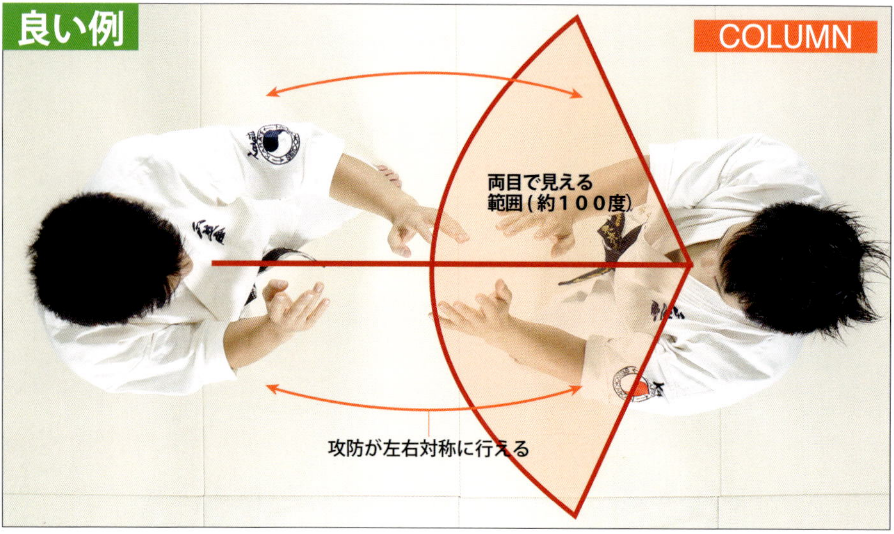

構えたとき、相手を正面で見ることは基本中の基本ですが、残念ながら、これができていない人は意外と多いのです。

オーソドックスで構えた場合、組手で相手に強い攻撃を入れてやろうと力み、利き側である右手、右足をやや引き気味に構えると、上体が右を向き、顔も引っ張られるように自然と右を向いてしまいます。これは相手の攻撃を極端に嫌がる人も同じで、ボディの正面を守ろうという気持から、半身を強めて体を右に向けてしまい、正面から目線が外れがちです。もちろん他にも原因はあるでしょうが、実は目線を正面から外した瞬間から、戦闘能力は大きく落ちてしまうのです。

五感のうち、視覚が司る情報量は80%以上といわれています。両目で見える左右の角度は一般的に約100°。上方向に約50°、下方向に約75°ですが、空手の場合、相手との間合いや緊張の度合い、ダメージの状況や性格、経験からも差が出てくるでしょう。それでも視覚が重要なことに変わりはありません。

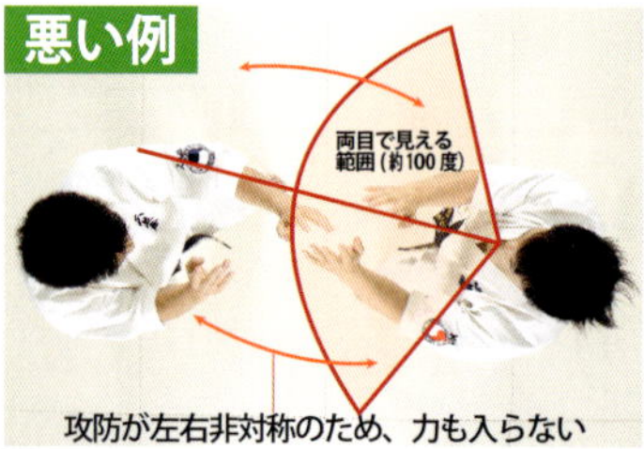

オーソドックスで構える相手の場合、顔が少し右に向いていたら、その方向を攻撃してやると、顔を向けやすいので意識がぐっと右サイドに引っ張られます。そして急に相手の左に回ってやれば、相手は目線も意識もすぐに戻すことができず、こちらを見失ってしまうのです。

いいかえれば、顔をまっすぐ前に向けて構えることで、隙を作ることなく、相手を見ることができますし、相手の隙をより見つけることができるようにもなります。

攻撃するとき、受けるときに、肩と一緒に顔を回していてはいけません。組手の時にまっすぐに前を向いていられるようになるには、基本稽古のときから、前を向く癖をつけましょう。なによりも習慣が大事。今日から鏡の前で、顔をまっすぐに向けながら基本稽古に励んでください。

第4章

Parrying Kicks

どんな蹴りにも対応できる受けと、
すぐに攻撃に転じることができる受け、とは

蹴りに対する受け

前蹴りを受ける

DVD 第4章 Part.1

左前蹴りを、左下段払いで受け流す

前蹴りの受けは、ただブロックするよりも、蹴り足を受け流して攻撃へとつなげることで大きな力を発揮する。左前蹴りの場合、相手が蹴ってきたら、前足を引いて懐を深く保ち、下段払いで蹴り足を落とす。この蹴り足を落とす位置で、相手の向きを変えるなどコントロールして、下段回し蹴りや突きへとつないで勝負の流れを握ることができる。

手の平を下に向けて、前腕でとらえ円を描くように流す

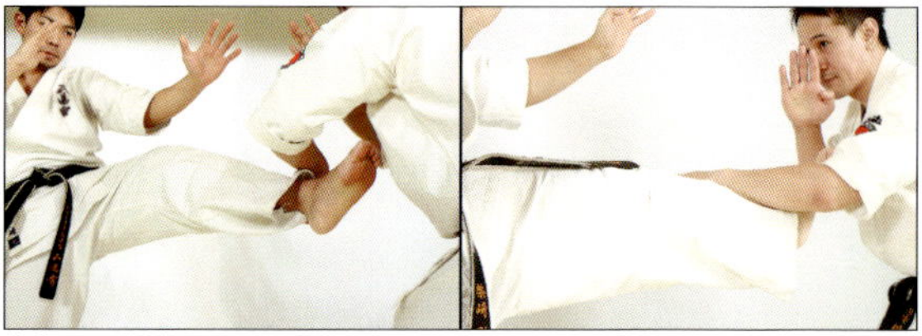

前蹴りは、前腕の柔らかい筋肉の部分でとらえる。足の力は強く、スネは太くて固いので、前腕の骨の部分で受けると骨折することがあるので注意しよう。

前蹴りが当たらない距離まで、ステップバックして外すことが大切!

前蹴りは、下段払いの受け手だけでは滑って受けきれないときがあるので、前足を引いてステップバックし、懐を深くすることで伸びてくる蹴りをかわそう。

左前蹴りを左下段払いで捌いて、右下段回し蹴りで相手を崩し、左上段回し蹴りで倒す

相手が左前蹴りにきたら、前足を引いて懐を深くし、左下段払いで払って相手の軸足の外側に落として相手を反転させる。右下段回し蹴りで相手のガードの意識を下段に引きつけ、左上段回し蹴りで倒そう。

右前蹴りを、左外受けで捌いて受け流す

DVD 第4章 Part.4

横蹴りの受けと捌きも、前蹴りと同じ

横蹴りも、蹴りの軌道は前蹴りと同じなので、捌くなら下段払い、軌道を変えるなら外受けで受けよう。

前腕の筋肉で受けて、内側へと捌く

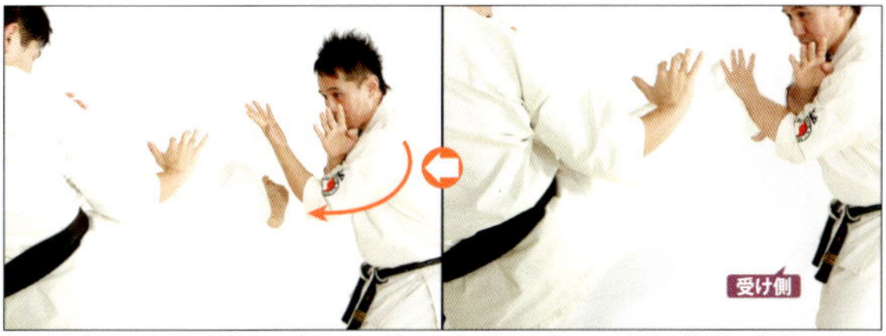

右の前蹴りは、左外受けで受けて、蹴りの軌道を変える。前腕の筋肉の部分で受け、ヒジを支点に手の平を返すように受け手を回して流すといい。

相手の右前蹴りを左外受けで捌いて、右中段ヒザ蹴りを入れる

コンビネーションの例としては、右前蹴りを左外受けで捌き、自分の右足外側に落としてバランスを奪い、相手のボディに右中段ヒザ蹴りを蹴る。

上段前蹴りは、受け流す、ブロックする、かわす

前蹴りに触れることなくかわせば、ポジション移動も簡単だ。

相手の上段前蹴りの軌道が見えたなら、サイドステップなどでかわそう。ただし顔面ガードは忘れずに。

正面からくる前蹴りは、腕を重ねてブロックする

上段前蹴りは、顔面の前で腕をクロスし重ねて受ける。ただ顔を覆うのではなく、蹴りを見ることが大切だ。

正中線を外すことができれば、中段前蹴りと同じように捌く

サイドステップなどで正中線(体の中心)を外すことができれば、中段前蹴りと同じように蹴り足を捌こう。

中段回し蹴りを受ける

DVD 第4章 Part.2

両腕で、中段回し蹴りを受ける

中段回し蹴りの受けは、上段回し蹴りや上段内回し蹴りなどにも応用できる、いわば回し蹴り系の受けの基本だ。蹴りをブロックするのはもちろん、蹴り足を捌いて相手をコントロールし決め技につなげるなど、組手の軸になる受けなので、しっかりと身に付けたい。

蹴りを避けるように押そうとすると、逆にもらってしまう

蹴りが怖いからといって、嫌がるように受け手を伸ばすと、受け止めることができず、逆にもらってしまう。

上半身の回転で、受けの腕の伸ばす

中段回し蹴りの受けは、腰を回しながら両腕をボディの側面に立てて、前側の手の前腕で、蹴り足を少し押し戻すようにして受ける。

Point

下段払いで、相手の蹴りを受け流すことができる！

受けの両腕に蹴りが当る直前に蹴りを前側の受けの手で下段払いすることで相手の蹴り足をコントロールし、下段蹴りや突きにつなげることができる。

相手の蹴りに押し込まれないように、受け手を立てて体から離す

両手を立てて受けただけでは、相手の蹴りに押し込まれてしまう。上体から受け手を離し、前側の手でしっかり蹴りを押そう。

中段回し蹴りを腕と足で受ける

軸をまっすぐ保ってヒザを上げ、ヒジとヒザを合わせる

中段回し蹴りは、蹴り側の受け手と足で受けることもできる。軸足の上に立ち相手の蹴りに合わせて、ヒジとヒザをしっかり合わせて壁を作ろう。力の強い足側で受けるのが理想だ。

両腕とヒザでより強固なガードができる

相手の蹴りが強烈ならば、ヒザを上げ、両腕で受けると、より強固なガードができる。ただし、突きなどの反撃にすぐに移ることはできない。

蹴りのインパクトにもバランスを崩さないことが大切

中段回し蹴りを受け手と足で受ける方法は、ヒザを高く上げるため、蹴られたときに体勢を崩しやすい。相手の蹴りのインパクトとバランスを取るために、蹴り足の軌跡の方向に重心を少し移しバランスを取ろう。

Point

腕と足で受ければ、すぐに反撃に移ることができる！

腕と足で相手の右中段回し蹴りをブロックする場合は、ブロックした左足で前に踏み込み、左への腰の回転で右下突きを突くことができる。これは左中段回し蹴りに対しても同じだ。

上段回し蹴りを受ける

DVD
第4章
Part.2

両腕で側面に壁を作って受ける

上段回し蹴りの受けは、中段回し蹴りと同じく両腕を壁のように立てて行う。蹴りのタイミングが読めれば、蹴りと反対側の受け手で下段払いのように、蹴り足を捌いてコントロールし、相手のバランスを奪おう。

蹴りと反対側の腕で押すことで相手の蹴りに押し込まれない

相手の蹴りの威力に負けないように、受け手である両腕を体から離し、蹴りと反対側の手で押すように受けよう。

体全体の回転で重心移動しながら、受け手を出す

前の足に重心を移し、腰を回しながら体の外側に両腕を立てて壁を作る。上腕の筋肉の付いている柔らかい面で受けよう。

受け手を伸ばして蹴りを受けにいくと、ブロックできないことも……

相手の蹴りを手を伸ばして受けにいくと危ない。壁を作って受けること。

左上段回し蹴りを捌いて、右下段回し蹴りで反撃する

組手の構えから、相手が左上段回し蹴りを蹴ってきたら、受けの手の両腕に当る瞬間、蹴りと反対側の受けの手で下段払いし、蹴り足を相手の軸足の横に落として、そこに右下段回し蹴りを蹴る。

DVD 第4章 Part.6

中段ヒザ蹴りを受ける

相手の太腿を前腕で止め、ヒジを支点に捌く

相手が右中段ヒザ蹴りを蹴ってきたら、左斜め前にステップしながら受け手で蹴りを押さえ、ヒジを支点に外受けで流す。

左のヒザ蹴りの受け

左ヒザ蹴りも、右の場合と同じだが、相手の体がまだ正面を向いているので、相手からの次なる攻撃に気を付けよう。

右のヒザ蹴りの受け

腕の動きに注目して見ていこう。右のヒザ蹴りの場合、相手の蹴りを左の受け手で押さえ、ヒジを支点に外受けで右に流す。

相手のヒザ蹴りをブロックし、下突きからヒザ蹴りで倒す

左ヒザ蹴りを受けてからのコンビネーションは、組手の構えから、相手のヒザを右側に受け流し、相手の体が正面を向いて開いているので、右中段下突きとさらに右ヒザ蹴りをボディに入れる。

上段ヒザ蹴りの受け

上段ヒザ蹴りは、蹴りの軌道によって受け分ける。まず横から回してくる上段ヒザ蹴りは、上段回し蹴りと同じように側面に両腕で壁を作って受ける。また、まっすぐにアゴを狙ってくる上段ヒザ蹴りは、中段ヒザ蹴りと同じように受け手でヒザを止めて、外受けで受け流そう。

まっすぐ上がってくる上段ヒザ蹴りは、中段ヒザ蹴りと同じように受ける

サイドからの上段ヒザ蹴りは、上段回し蹴りと同じように受ける

下段回し蹴りを受ける

DVD
第4章
Part.3

前の足への下段回し蹴りを受ける

足を狙ってくる下段蹴りは、ヒザとスネでブロックする〝ヒザ受け〟で受ける。相手の蹴りのタイミングに合わせて、ヒザを上げてブロックするのだが、相手の蹴りの威力に負けないように、受ける足を軸足に沿わせバランスを保つ事が大切だ。

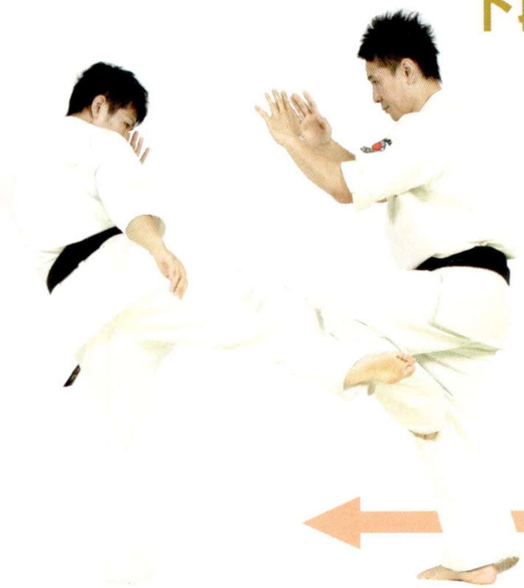

蹴りを受ける瞬間だけ、足を上げる

ヒザ受けは、バランスを保持するために、相手の蹴りに合わせて一瞬だけ上げよう。組手の構えから、受ける側の足の裏を軸足のヒザの側面に当てる。ヒザは相手の蹴りの方向に向けよう。

下段回し蹴りは、〝ヒザ受け〟で受ける

蹴りのタイミングに合わせて、受けの足の裏を軸足のヒザの内側に付けて、蹴りの軌跡方向にヒザを尖らせて受ける。蹴り足がスネに当たっても、下方向に角度が付いているので、力が流れてくれる。

足を上げただけでは、バランスを奪われやすい

足を上げただけでは、相手の蹴りの威力にバランスを崩されることがある。必ず受ける側足の裏を軸足のヒザに当てて受けよう。

蹴りを怖がって、軸を傾けない

蹴りを怖がると、前屈みになったり、上体を後ろに反らしがちになったりする。軸足の上にしっかりと立って、上体を起こしてバランスを保とう。

奥の足への下段回し蹴りを受ける

相手の蹴りに合わせて、腰を切って受ける

奥の足への下段蹴りも同様にヒザ受けで受けるのだが、相手の蹴りが横から回り込んでくるので、蹴りの角度に合わせて腰を切り、ヒザの向きを蹴りの方向に合わせよう。

土踏まずをヒザ内側に沿わせる

ヒザ受けは、相手の蹴り側のヒザを上げて受けよう。相手の左右の蹴りに対して前の足のヒザ受けだけで行う方法もあるが、軸足を刈られるなどの心配がある。

Point

前の足のヒザで 左右の下段回し蹴りを受ける方法もある

左下段回し蹴りに対して前の足のヒザを向けて受ける方法がある。右の下段蹴りですぐに反撃できるなどの利点もあるが、蹴り側のヒザで受けるほうがバランスは保ちやすい。

軸足に重心をのせ 構えを保つことが大切

腰を引くようにして足を上げたり、相手の蹴りに角度を合わせようとしたりすると、前屈みになるのでバランスを崩しやすいし、また顔を蹴られる恐れもある。

下段蹴りを踏ん張って耐える "筋肉ブロック" は、最後の手段

下段回し蹴りの受けには、間合いを潰して太腿の筋肉で受ける "筋肉ブロック" があるが、相手の蹴りが強ければ効いてしまうので、技の連携に使う以外には行わない方がいいだろう。

ヒザを上げただけでは、上から蹴られてしまう

上から落とすような蹴りは、ヒザを上げただけでは太腿上面を蹴られてしまう。腰を切りながらヒザを高く上げよう。また、必要以上に腰を回して避けようとすると、バランスを崩しやすい。

内股への下段回し蹴りを受ける

DVD
第4章
Part.3

前の足の内股への下段回し蹴りを受ける

前足と奥の足の内股への下段回し蹴りも、〝ヒザ受け〟で受ける。内股下段蹴りは、バランスを奪うために蹴ってくることが多いので、蹴りの方向にしっかりとヒザを向けてブロックすることが大切だ。ヒザ受けの上手さは、相手の蹴りの力の方向をいかに知っているかだと心得よう。

相手の蹴りに、ヒザを向けると安定する

前の足の内股への下段回し蹴りは、水平に蹴ってバランスを奪いにくるので、相手の蹴りの方向にヒザを向けて、逆にダメージを与えるぐらいの気持で受けよう。

蹴りを怖がったり、ヒザを上げるために腰を引かない

相手の蹴りを怖がったり、腹筋で引きつけてヒザを上げようとしたりすると、前屈みになりやすいので、注意しよう。上体はしっかりと立てることが大切だ。

腰を切り、股関節を動かして、ヒザを横に向ける

前の足への下段回し蹴りの受けは、腰を回しながらヒザを内側に向けて上げよう。上体は必ず正面に向けておくこと。下段回し蹴りの後の連携技に注意しよう。

ヒザ受けは、次の技につなぐための体重移動のきっかけでもある！

ヒザ受けは、次の攻撃のためのタメやステップにも使える。例えば右の写真は、相手の右下段回し蹴りをヒザ受けでブロックし、その受け足を下ろす勢いで腰の回転を作り、右下段回し蹴りを蹴って反撃している。

第4章 Parrying Kicks
蹴りに対する受け

奥の足の内股への下段回し蹴りを受ける

股関節を閉じるように、ヒザを内側に向けて受ける

奥の足の内股への下段蹴りは、組手の構えから、後ろの足の股関節を閉じるようにヒザを内側に上げて受ける。相手はヒザの裏を縦に蹴り上げてきたり、横に払ってバランスを奪いにきたりするので、蹴りの方向を見極めてヒザを上げることが重要だ。

Point

蹴りの威力を受け止める覚悟でヒザを向けてしっかりと受ける

奥の足の内股への蹴りは、体重をかけて蹴ってくることが多いので、効かされたり、崩されたりしないように、蹴りの方向にしっかりとヒザを向けよう。

蹴り足の力を抜いて蹴りの威力を逃がしたり、踏ん張ったりしても、数発で効いてしまう

奥の足の内股への下段回し蹴りは、ボールを蹴るように蹴ってくるので、かなり強力だ。足を脱力して蹴りの威力を逃そうとしたり、逆に〝筋肉ブロック〟のように踏ん張ったりしても、すぐに効かされてしまう。確実にヒザで受けるのがベストだ。

両ヒザを閉じて、相手の下段蹴りをすかす

奥の足の内股への下段回し蹴りに対して、突きなどでカウンターを取るのなら、左サイドにステップして右足を引き寄せることで、相手の蹴りをすかすことができる。

後ろ蹴りを受ける

DVD
第4章
Part.5

後ろ蹴りは遠心力を伴ってまっすぐに伸びてくるので、受けの手で受けるよりステップでかわす方がいい。相手の蹴りのタイミングに合わせて左斜め前にステップ。相手の背後に回り込もう。蹴りが伸びてきてもガードできるように、受けの手は上げておくこと。

相手の背後に回り込む

相手の回転と同時に、45°斜め前方にステップインする

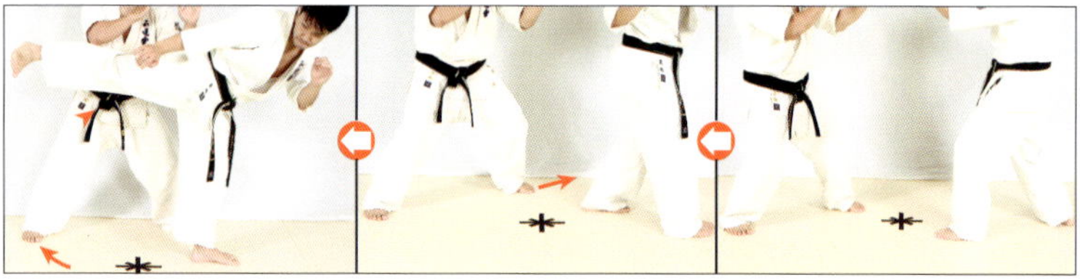

相手が回転し始めたら、左足で斜め45°前にステップイン。蹴りをすかしながら、右足を左へ引きながら相手の背後に回り込む。

その場で固まると押し込まれてしまうことも……

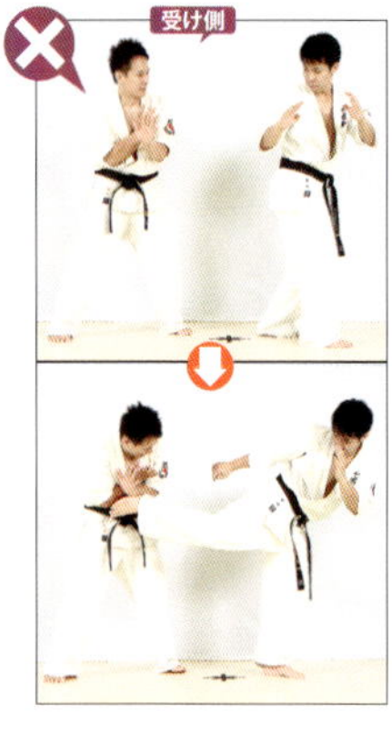

後ろ蹴りは、威力があるうえに伸びてくるので、構えた位置で受けるのはたいへん危険だ。蹴りで受け手が潰されることもある。

前に出る力を反撃に生かしたい時は、ステップバックでかわす

中段後ろ蹴りの場合、バックステップして蹴りをかわし、再び前に出る力で反撃することも可能だ。ステップの幅をやや長く取り、前蹴りのように下段払いで捌いてもいい。

後ろ回し蹴りを受ける

ステップインして相手の背後に入って蹴りかわす

後ろ回し蹴りも、後ろ蹴りと同様、左斜め前にステップして、回転して蹴ってくる相手の背後に入ってかわそう。蹴りは回って追いかけてくるので、右腕を立ててガードしておくことが大切だ。

後ろ回し蹴りは、想像以上に伸びてくる!

後ろ回し蹴りは、遠心力や、攻め手の腰の開き具合などで、予想以上に伸びてくることがあるので、ステップバックは余裕を持って行なおう。

中途半端な距離で回り込むと、相手の蹴りが追いかけてくることも

斜め前ではなく、横にステップすると、相手の蹴りが回転して追いかけてくることがある。

ステップバックしてかわす時は、十分な間合いを取るのがポイント

ステップバックの際は、十分な間合いを取り、さらに後ろの足に重心を移して上体を反らすこと。蹴りが伸びてきても大丈夫なようにガードの手を上げておこう。

サイドステップと同時に、軸足を蹴る!

右後ろ蹴りや、右後ろ回し蹴りをかわすために、斜め前にサイドステップしたら、前に出る勢いで相手の軸足を右下段回し蹴りで蹴ろう。受けを兼ねたカウンター技になる。

DVD
第4章
Part.7

上段内回し蹴りを受ける

蹴りは横方向から襲ってくる。受けの基本は、上段回し蹴りと同じ

上段内回し蹴りや縦蹴りなどの、やや特殊なフォームや軌道を持つ蹴りは、視覚的に惑わされやすいが、インパクト直前の蹴りの軌道は上段回し蹴りと同じなので、両腕で壁を作って受けよう。蹴り足をしっかりと見て受ければ、難しいことはない。

受け手をしっかりと立てて押されないようにブロックする

上段内回し蹴りは、横から回ってくるので、上段回し蹴りと同じように両腕で壁を作って受ける。蹴りの始動時の軌跡に惑わされないこと。蹴り足を押さえようとすると、もらってしまうことがあるので注意しよう。

縦蹴りを受ける

タテ方向からの蹴りの軌道に注意して、頭頂部から側頭部をガードする

縦蹴りの軌道は上からだが、これも両腕で壁を作って受ければ問題ない。縦蹴りの大きな軌道に惑わされず、落ち着いて受けよう。相手の腰や軸足の回転で蹴りの軌道が変わるので、自分から手を伸ばして受けると危険だ。

大きな蹴りの軌道に怯えることなく、確実に受けることが大切!

蹴りの軌道が見えるようなら、間合いを詰めて蹴りを潰してしまうこともできる。縦蹴りはフォームがダイナミックだが、恐れることはない。ただし、軌道が変化することがあるので、受けの手で取りにいくと危ない。

カカト落としを受ける

ステップバックして、蹴りの間合いを外す

カカト落としは、相手が蹴り足を振り上げたら、ステップバックでかわし、蹴り足が水平より降りたタイミングでステップインして、相手の体勢が整うまえに攻撃しよう。

ステップインして、下段回し蹴りで反撃！

カカト落としの後は、相手も体勢が整えにくい。そこをすかさず下段回し蹴りで崩すなど、反撃に出よう。

相手のサイドに回り込んでかわせば、すぐに反撃できる

ステップバックではなく、斜め前に踏み込んで相手のサイドにポジションを移せば、再び踏み込むロスもなく、すぐに反撃できる。

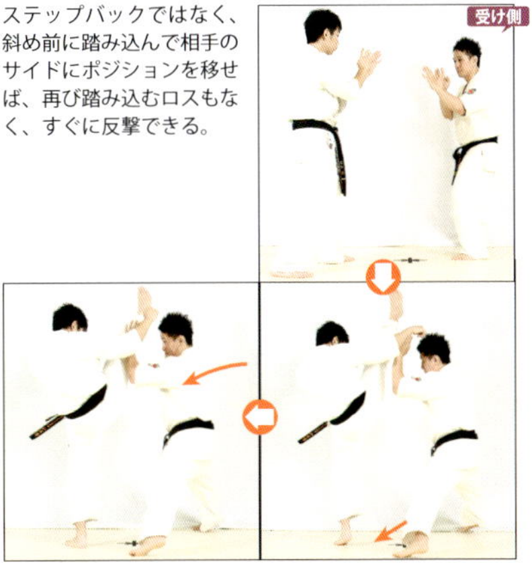

その場で受けようとすると、蹴りの重さに潰されることも……

カカト落としは、その場で受けようとすると、落下の慣性で重みが増した蹴り足に、受けが潰されてしまうことがある。

子安キック＆回転胴回し蹴りを受ける

蹴りの軌道は、他の蹴りと同じ。ただしダイナミックなモーションに驚かされないよう練習しておこう！

子安キックや回転胴回しも、両腕を側面に立てた腕の壁で受けることができる。大切なのは蹴りの大きなモーションに驚かないこと。仲間と練習して、モーションや蹴りの軌道に慣れておこう。

試合から学ぶ、蹴りを受けてからの攻撃

蹴りを受けてからの攻撃が、実際の試合ではどう行われているのか、全日本大会でのシーンから、相手の蹴りを受けてから突きで返すパターンと、蹴りで返すパターンを紹介しよう。試合の場では、確実な受けと、体の向きや間合いなど流れに沿った攻撃が有効になる。華麗なコンビネーションに目を奪われる前に、試合で相手がよく使う技に対しての、受けからの攻撃を身に付けよう。

相手の右前蹴りを下段払いで受けて、右逆突きを突く

相手が右前蹴りに来たら、左下段払いで蹴り足を外側に流して体を開かせて、中段逆突きを突く。蹴り足を捌く体の回転と、そのまま前に進む推進力を突きの威力に変えている。

相手の左前蹴りを下段払いで受けて、左鉤突きを突く

相手が前蹴りを蹴ってきたら、左下段払いで捌き、蹴り足を左後ろに浅く巻き込みながら重心を前に移し、左中段鉤突きを突く。下段払いの手を、肩を支点に回すようにして突きに変えるのがポイントだ。

相手の下段蹴りを左鉤突きのカウンターで止めて、右順突きから左中段蹴りで反撃する

相手の右下段回し蹴りを左中段突きのカウンターで止め、右直突きで相手の肩を突いて相手の体を開かせ、蹴りへのタメを作ったら、左中段回し蹴りを蹴る。カウンターの突きは、蹴りが伸びてくる前に突こう。

第4章 Parrying Kicks
蹴りに対する受け

相手の左前蹴りをすくい流して左上段蹴りを蹴る

相手の左中段前蹴りを、左手でカカトを引っかけるようにすくいながら前へと引っ張って相手の体勢を崩し、左へ腰を回してタメを作って、それを解放するように左中段回し蹴りを蹴る。

相手の左中段蹴りを下段払いで受けて、右上段ヒザ蹴りを蹴る

相手の左前蹴りを捌き、蹴り足を落とすと同時に、相手の首に左手をかけて右上段ヒザ蹴りを相手のアゴに放つ。カケがないルールでは、右足で踏みだし、左中段ヒザ蹴りを蹴るといい。

相手の左横蹴りを体捌きでかわして、右下段蹴りを蹴る

相手の左前蹴りを右に半身を切って体捌きでかわし、右の外受けで落として、相手の蹴り足に右下段回し蹴りを入れる。半身をしっかりと切れば、相手の攻撃を流すことができる好例でもある。

蹴りを捌くときは、相手を崩す絶好のチャンスだ

相手にサイドから左上段回し蹴りを蹴られたら、両手で受けたあと左下段払いで捌いて相手を崩しながら、自分は右足を軸に回転して体勢を元に戻し、反撃しよう。

強くなりたければ、まず基本稽古からディフェンス力を磨くことだ

強くなりたい、大会で優勝したい、と未来に向け目標を設定したとき、多くの人は攻撃の練習にたくさんの時間を割きます。消極的な戦いぶりでは勝ちを得ることはできないので、あながち間違った方法ではないのですが、長い目で見れば、ここに大きな落とし穴があります。

試合は、相手があってのことです。攻撃主体で考えるのであれば、体格が劣る相手なら一方的に試合を進めることもできるでしょうが、逆に相手の体格が優っていれば、易々とは勝てないでしょう。また、技術的に格上の相手では、体力で優っていても好きなようにはさせてくれません。そうなれば、大会では思うように結果が出せず、すぐに限界も見えてくるはずです。

大切なのは、ディフェンス力です。相手の攻撃を、自信をもって防御することができれば、相手を冷静に観察し、隙を見つけることもできますし、適切な攻撃方法を取ることもできます。試合の流れを感じることができるので、勝負どころを逃しません。

ただ、ディフェンスの技術は一朝一夕では身につかないのがやっかいなところです。これは、相手と適切な間合いを取り、相手の技に対して半身を切り、また懐を深く取って、技をかわすことが必要なのに、攻撃力偏重で戦ってきた人は、前に出たい気持が強く、相手の攻撃を受け流すなどの意識も希薄で、格闘技で最も大切な距離感も養われにくいからです。

まずは、受けの基本稽古で体の使い方を覚え、約束稽古やスパーリングで、相手と適切な距離を取って、攻撃に反応し防御することを学んでいきましょう。一度身についてしまった距離感や体の動きは、なかなか修正できませんが、上級者であれば自分の限界が見えたと感じたときに、初心者であれば将来、強くなるために、受けの稽古にしっかりと取り組むことで必ず道は開けてくるはずです。

第5章

Winning against Bigger Opponents

重心移動による威力ある攻撃と確かなディフェンス、
そして安定したステップがあれば、
大きい相手に必ず勝てる！

大きな相手に勝つ！

DVD
第5章
Part.1

ディフェンス力とステップワークが必要だ！

大きな相手に技で勝つことは、すべての空手家にとっての夢である。では実際にどうすれば勝つことができるのか？　求められるものは多いが、そのなかでも大切なのは相手の攻撃を受けないディフェンス力と、力と力でぶつかり合うことなく、自分が意のままに攻撃するためのステップワークだ。ここでは具体的な連携技を紹介しよう。

相手の突きを捌きながら左サイドに回り込み、突きと下段回し蹴りで倒す

組手の構えから、相手の左順突きを捌き、前の足の内股に左下段回し蹴りを蹴って、左斜め前に踏み出す。相手が右逆突きを突いてきたら、左の外受けで受け流しながら左前に踏み出し、その腰の反転を使って右の下突きをボディへ。さらに左斜め前に踏み出して、左の鉤突きを脇腹に打ち、右下段蹴りで崩す。

相手の懐に入り、突きとステップで翻弄しながら、左上段回し蹴りで倒す

組手の構えから、相手の左前蹴りを左下段払いで捌いて右下段回し蹴りを蹴り、右斜め前に踏み出して、左下突きを突く。その腰の反転を使いながら、さらに右斜め前に踏み出して、右の鉤突きを突き、その際に左足を引きながら相手との角度を調整。最後に左上段回し蹴りで倒す。

蹴りの受けは間合いを外し、ダイレクトに受けない

前蹴りを捌くときは、前の足を引いて懐を深く保ち、蹴り込まれても当たらないような状態で捌くことが大切だ。また、相手の蹴りは、伸びきってしまえば威力もなく軽い。

大きな相手に勝つには、

しっかりと体の回転を使って、威力のある攻撃を放つ

攻防の威力を作り出すために、しっかりと腰を回し、その反動を次の攻撃や受けにつなげよう。

手を前に出し、半身を切って受ける

突きは、受けの手を前に出し、腰を回して半身を切って受けよう。胸の前で構えたり、半身が足りないと突きで押し込まれる。

重心移動しながらステップすれば、威力のある技を出しながらポジション変更ができる！

ステップを軽快に行うポイントは、まず踏み出す足に重心を移して軸足とすること。また次の技を無理なく出せるよう、踏み出すときに、ツマ先を動きやすい方向に向けよう。

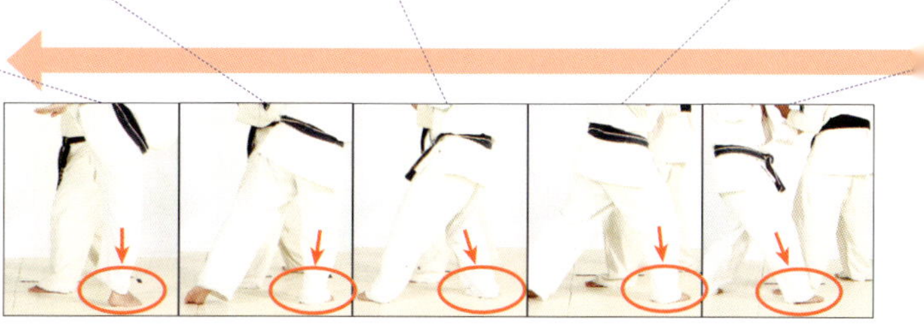

ための、ステップワークをマスターしよう！

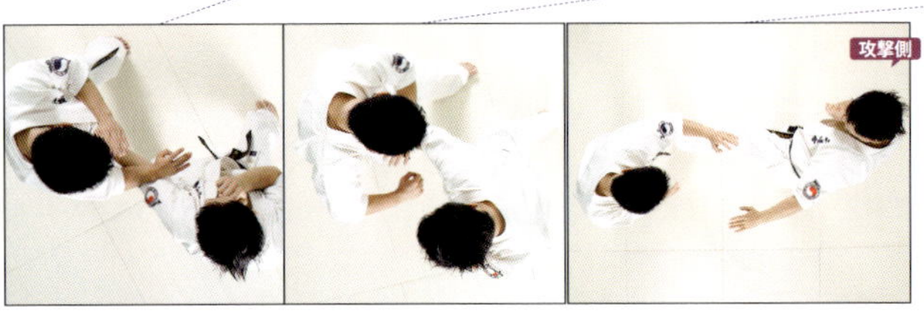

内股への下段回し蹴りで相手を崩し、突きと下段回し蹴りの連打で圧倒する

相手の順突きを右外受けで捌きながら、左下段回し蹴りで内股を蹴ってバランスを奪い、懐に入って右中段突きから左下突きの連打を突く。下突きの腰の回転を解くとともに左サイドにステップし、右の逆突きをボディに打ち、右足を右サイドに踏み出しながら、相手の後ろの足へ左下段回し蹴りを蹴り、蹴り足を戻して軸足として、前の足に右下段回し蹴りを蹴る。

ステップと、攻撃や受けを確実に連携させていくには、代表的な足の運びと、体の使い方をパターンとして覚えていくことが早道だ。前ページに続いて、実戦的なパターンとポイントを確認していこう。

内股への下段蹴りをきっかけに相手の 90° 横にステップする

ステップの基本として、下段回し蹴りをきっかけにした 90° ターンを身に付けよう。相手の前足の内腿へ左下段回し蹴りを蹴ったら、蹴り足を相手のサイドに下ろして軸足とし、右足を後ろに引けば、相手の 90° 横に移ることができる。フィニッシュは右中段回し蹴りだ。

攻撃しながら、相手の左右にステップして揺さぶりをかける

左内腿への下段回し蹴りから、相手の左サイドに踏み込んで、一度左に腰を回してタメを作り、左下突きを突く。この腰の反動で右サイドに大きくステップ。右の鉤突きから、相手の後ろの足へ左下段回し蹴りを蹴る。腰の回転の力と重心移動をステップする力に変えている好例だ。

大きな相手に勝つ

ステップで、相手の前に立たずに攻撃する

上の写真の攻撃を、上から見てみよう。最初の内股への下段回し蹴りですでに右にポジションを外し、それ以降も、ステップしながら常に相手のサイドにポジションを取ることで、相手の力を正面から受けていない。また、腰の回転に合わせて攻撃しているので技に威力もあるし、ステップを繰り返しながらも体の使い方にも無理がない。

"カニ歩き"ステップでは、相手に追いつかれてしまう…

相手を中心にしたカニ歩きによるステップでは、自分が円周上を何歩ステップしても、相手に振り向かれるだけで追いつかれてしまう。

COLUMN

190㎝を越える外国人キックボクサーや、ムエタイの強豪と戦える、空手の稽古とは？

〝地上最強の空手〞。かつてはこのキャッチフレーズに多くの人が魅了され、道場の門を叩きました。道場生たちはみんな、空手はプロレラーやキックボクサーと戦って倒すことのできる最強の格闘技だ、と信じていたと思います。

ところで、空手は総合格闘技やキックボクシングに勝てるのでしょうか？もちろんルールに合わせて他の練習や経験を積まなければなりませんが、勝てる要素は十分ありますし、事実、空手をベースにした選手が何人もプロのリングでチャンピオンになり、その可能性を証明してくれました。

ただその一方で、直接打撃制の空手でよく見られるパワーファイトを捨てきれず、苦杯をなめた選手がたくさんいたことも否めません。

両者の違いは何だったのでしょうか？肝心なのは空手に対するイメージ、明暗を分けたのは入門時からの稽古方法だと思っています。〝ガチンコ〞、〝打たれ強さ〞、〝ラッシュとスタミナ〞が自分の空手の信条だとすれば、自ずと組手における発想やスタイルも決まってきます。実は、これらが一度身についてしまうと、後からボクシング技術などを習得しようとしても、修正はかなりむずかしくなります。

まずは、ルールで制約されていても、〝顔面攻撃あり〞をイメージしましょう。間合い、身体の使い方、戦い方など、空手の質が変わってきます。すぐには結果が出ないかもしれませんが、磨いていけば、直接打撃制の試合でも、攻撃力とディフェンス力に優れた、逆に大きな相手にも勝てる空手に完成させることが可能です。

決して、他の格闘技との試合や、〝顔面あり〞を切望しているわけではありません。ただ、同じ時間を費やすなら、同じ汗を流すなら、強い空手を目指してほしいとの願いからなのです。

第6章

Making your Techniques more Powerful

フォームを整えることで、
技の威力が２倍にも、３倍にもなる！

技の威力を高める体の使い方

DVD
第6章
Part.2

突きは、投球イメージで威力アップ！

力を生み、技へ伝達する動き（フォーム）は、あらゆるスポーツに共通している。例えば野球の投球の動きは、実は空手の突きと同じだ。ボールを前方向に投げる動作が、そのまま拳を相手にぶつける動作になったと考えればわかりやすいだろう。

空手の場合、相手に悟られずに突きを出さなければならないので、野球の投球のような振りかぶる動作はできないが、基本稽古で、大きな動作による力の発生と伝達をマスターしたら、組手の中で、間合い別、ポジション別に、小さな動作の中でも出せるようにしていこう。

突きの基本稽古も、投球フォームも動きは同じ！

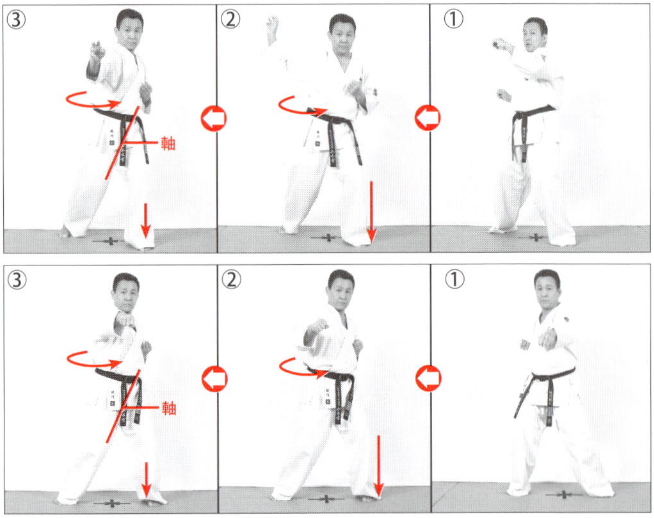

野球の投球フォームと、空手の基本の突きを比較していこう。①投球の振りかぶった状態と空手の引き手を引いた状態は同じで②前へと力を伝達するために、投球は前足に重心を移し、股関節を軸に腰を回し始める。空手も左足に重心を移し、股関節を軸に腰を回転させながら突く手を送る③ボールを投げる動作は、そのまま突く＝拳を投げる、のと同じだ。

重心移動→腰の回転→肩の回転→突きへの連動が大切

右の逆突き

逆突きを、横から見てみよう。組手の構えから重心を前の足に移し、後ろの足のカカトで床を蹴るように腰の回転へパワーを伝えていく。前足の股関節を軸に、上半身を回転させながら、突き手を伸ばしていこう。力の伝達ができていれば、拳は自然に飛んでいくはずだ。

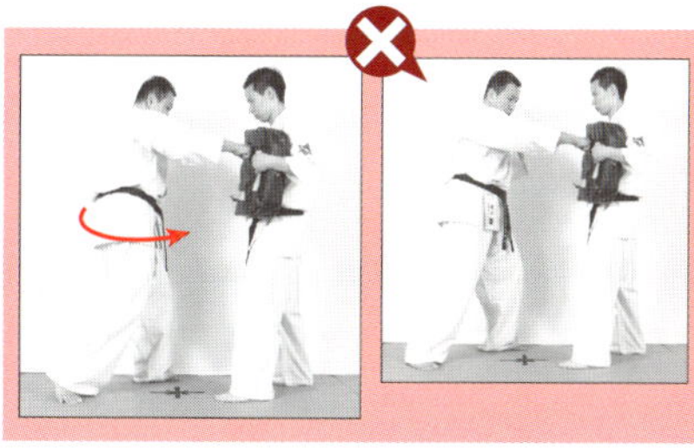

手だけで打たない

ミットなどを叩くとき、強い突きを出そうと力んで"手打ち"になりがちだが、全身の力で突いたほうが、威力があるのは明らかだ。まずはミットを強く突くことよりも、体を正しく使おう。

鉤突きでは肩関節を閉じる動作が威力に大きく影響する

最初は上体を回転させず、突き手で反対側の自分の肩を触るように、肩胛骨をスライドさせて肩の関節を閉じてみよう。これができたら、体の回転に合わせて肩関節を閉じるタイミングを練習しよう。

鉤突きは、体の回転と"肩の閉じ"で拳を走らせる

右鉤突き（＝フック）の突き方も基本的には同じだが、上半身の回転に合わせて、肩関節を閉じることが大切だ。突き手のヒジが体の後ろに残るようなら、腕の力と体が生み出すパワーが一体化しておらず、威力が出ない。

順突きとなる左鉤突きは、重心は股間の中心に落とすようにして、前足のヒザ→腰→上体と連動して回転させ、最後に肩関節を閉じて突いていく。

大切なのは、体の回転と肩関節を閉じるタイミングをしっかりとリンクさせることだ。

右の鉤突き

左の鉤突き

DVD
第6章
Part.2

回し蹴りは、バッティングの腰の回転をイメージして蹴る

物を蹴る動作で一般的なのはサッカーだが、サッカーではボールを軸足の横に置くのが基本。蹴り足を大きく伸ばして相手を蹴る空手とは、体の使い方もインパクトポイントも違う。逆に体の使い方で似ているのが、野球のバッティングだ。

バットを振ってボールを打つ動作は、足を振って相手を蹴る動作と同じ。バッティングでは、後ろの足から前足への重心移動が当たり前のように行われているが、空手の蹴りは多くの人が重心移動せずに体の中心に軸を置いて蹴っているため、蹴りに伸びがないばかりか威力も十分でない。体を軸に手だけでバットを振っても飛距離が稼げないことを考えれば納得できるはずだ。

腰の回転と、蹴り足を伸ばすタイミングを、バッティングと重ねてイメージしよう

バッティングと右中段回し蹴りの体の使い方を比較してみよう。①バッティングは後ろの足に重心を置いて、右中段回し蹴りは身体の中心に重心を置いてスタート。②バッティングは前の足に重心を移しながら、体を回転させていく。右中段回し蹴りも、軸足となる前の足の上に立つように重心を移動し、腰を回しながらヒザを前に送るように蹴り始める。③インパクトでは、ボールを飛ばすためにバットを振るのと同じように、右中段回し蹴りも腰をしっかりと回し、ヒザ先のスナップも使って蹴る。

軸足への重心移動と腰の回転があれば、蹴り足は自然とついてくる

組手の構えから、前の足に重心を移して蹴りの軸を作り、腰を回転させながらヒザを先行させて蹴り足を伸ばし、相手のボディを蹴る。このときに右手を後ろに振ると、腰の回転を加速させられる。インパクトでは、回転し過ぎて蹴りの力が逃げないように左手のガードの脇を締め、"壁"を作っておこう。

ミットを蹴って、体を回転させて蹴る感覚をつかもう

中段回し蹴りでの体の使い方がわかってきたら、ミットを蹴ってインパクトの感触をつかもう。強く蹴ろうと力むより、ムチがしなるようなイメージで蹴ろう。

蹴る瞬間、体を逆回転させてはダメ！

上半身を蹴りと逆の方向にひねってしまうと、蹴りに威力がでない

ヒザ蹴りも、体の使い方は中段回し蹴りと同じ！

中段ヒザ蹴りは、ただヒザを上げて蹴るのではなく、中段回し蹴り同様、軸を作って体を回転させて蹴るのが正しい。前の足に重心を移して軸とし、腰を回転させながらヒザを相手に向けて押し出していく。インパクトの直前、軸足のカカトを返すとヒザが前に伸び、威力が増す。

中段ヒザ蹴りを横から見てみよう。前足に重心を移し後ろ足で床を蹴り→腰を回転させる。軸足の上に立ち、蹴り足の力を抜いて、腰の回転と軸足のカカトの返しでヒザを走らせて、ミットを蹴ろう。

距離別

攻防での体の使い方 ～強い突きと確実な受けのために

DVD 第６章 Part.3

相手との間合いによって、攻撃と受けの体の使い方は変わってくる。ここでは、ロング、ミドル、接近戦の３つの間合いについて紹介しよう。

ロングの間合い

体の中心に軸を作り、回転で突く、受ける

遠い間合いでは、構えの手を前に出し、体の中心に軸を置き、突きは左右の回転運動で伸ばし、受けは相手の突きに対して小さくヒジを絞るようにして受けよう。

大切なのは、体を回転させること。相手の攻撃がさほど伸びてこないからといって手の動きだけで受けていると、次の攻撃のタメが作れず、強い攻撃ができない。

ミドルの間合い

大きく体を使うと、短い距離でも強い突きが打てる、確実にかわせる

相手の突きがボディまで伸びてくるミドルの間合いでは、上体をしっかりと回転させ、体の面を変えながら、力強く受け流していくことが大切だ。また、受けでできた回転を反転させ、そのまま返しの突きを出せば、攻防一体の動きができる。

受け手を確実に動かすことが大切

中間距離では、相手の攻撃を払うだけでなく、肩関節を前に閉じて、受けの手を確実に動かして受けることが大切だ。

超接近戦の間合い

半身を切り、肩を入れることで、相手との距離を作る

超接近戦の間合いでは、相手の攻撃のすべてを受け流すことは難しいので、体重移動や体の回転で上体の面を変えて外したり、時には間合いを潰して相手の技の威力を奪ったりすることが大切だ。腰の回転や上体の動きでできたタメやスペースを生かして突きにつなげていこう。

前後左右に軸を移し、相手との距離や体の面を変えることで、相手の攻撃をいなし、クリーンヒットさせないことが大切だ。

ロングの間合いの突き

体の中心に軸を意識して、下半身→腰→上半身と回転させながら、体の中心から肩の長さまでも含めて、突く。前の足に重心を置き、股関節に軸を移すことで、長い直突きを突くことができる。

ロングの間合いの受け

構え手を正面に置き、相手が直突きを突いてきたら、体の中心に軸を意識して上半身を左右に回転させながら、ヒジを閉じるように受け流す。上半身を回転させるときは、下半身から始動し腰を動かすことが大切だ。

ミドルの間合いの突き

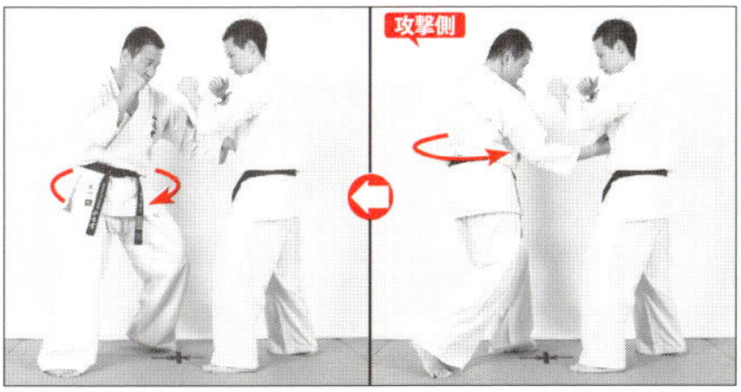

ストロークが長く取れない分、下半身→腰→肩と連動させて体を回転させ、その回転を威力に変えて突く。腕の力で突こうとすると、威力を得られないばかりか、大振りになって相手にカウンターを取られやすい。

ミドルの間合いの受け

強い突きが入り込んでくるので、上体を回転させ、体の面を変えると同時に、受けの手をしっかりと伸ばして、突きを受けよう。上半身だけの回転だけでなく、必ず下半身を同時に動かすこと。

超接近戦の間合いの突き

相手が間合いを詰めてきたら、体を回転させてタメを作り、その返しで左中段下突きを突く。体全体を使って回転運動で突くことが大切だ。

接近戦の間合いの受け

超接近戦では、相手が前に出てこようとしたら、同時にサイドにステップしてかわそう。体の回転を元に戻す力を使って鉤突きを突き、反撃することができる。

COLUMN

ビッグミットはもう古い⁉
ミットによる練習の方法ひとつで、空手の実力、技の質が違ってくる！

いまや、直接打撃制の空手の練習に欠かせない存在となっているのが、ビッグミットです。キッズのトーナメントで、多くの少年少女がビッグミットに突き蹴りを連打してウォーミングアップを行う姿は、空手界では見慣れた風景となりました。

ビッグミットの登場は、空手ブームが巻き起こった80年代前半だったと記憶しています。それまで、突きと蹴りができるものといえば、キックボクシングでよく使われるキックミットぐらいで、あとは大きなサンドバッグしかありませんでした。

ビッグミットの登場は、空手を大きく変えました。技も突きと下段蹴りのラッシュに、ミット中央の“く”の字の凹みに合わせるように出すヒザ蹴りが多用されるようになり、試合も、倒すことよりも、相手を圧倒することで勝負が決まるような内容が多くなったと思います。セコンドから「押し出せ！」という声が聞かれ始めたのも、ちょうどあの頃でした。

しかし、ここに来て一部の直接打撃制の空手の道場で変化が起き始めました。相手を倒すことにこだわる選手たちが、攻撃の精度を磨くために、ボクシングのパンチンググローブやキックミットを使い始めました。ビッグミットも併用していますが、裏返して持つことで、上半身のカーブを演出し、体の面に合わせて正確に突くように練習しています。

“一撃必殺”は空手のアイデンティティです。ビッグミットが悪いわけではありません。どういう意識で練習をするかが大切です。意識が変われば、道具選びも変わってきます。ここからは、攻撃の手数や、パワー任せに前に出ることで相手を圧倒する空手ではなく、”倒す空手”を目指してください。

第7章

High Round House Kick

倒す！
上段回し蹴り

なぜ足を高く上げることができるのか？
なぜ相手を倒すことができるのか？
それには理由がある。

DVD 第7章 Part.1

倒す回し蹴りは“回して蹴る”のではなく最短距離で蹴る

上段回し蹴りは、言葉のイメージからなのか、多くの人が“外から大きく回して蹴る”もの、と考えているようだ。もちろん相手の体勢や、両者のポジション、狙う箇所などで外から回して蹴ることもあるが、大きく回して蹴れば、その分、蹴りの軌道が長くなるし、反撃される可能性も出てくる。だが、大切なのは相手に蹴りをヒットさせて倒すこと。であれば、狙う場所は、KO率がもっとも高いアゴ。蹴りの軌道は、床から相手のアゴまで最短距離で結んだラインがベストだ。

狙うのは相手のアゴ

上段回し蹴りによる一本勝ち（＝KO）のほとんどが、相手の脳しんとうによって決まるもの。それには、頭を急速に揺さぶり、脳を揺らすことが必要だ。これには、相手のアゴを素早く蹴り抜くことが一番。肩に守られていない相手のアゴ右側部を、左上段回し蹴りで蹴り抜こう。

相手の肩をかすめるように足を上げる

相手の右肩を擦り上げるようにして蹴ると、アゴに蹴り足が引っかかり（当たり）、倒すことができる。大切なのはパワーよりもスピード。確実に蹴り抜いて相手の頭を揺らすことだ。

右上段回し蹴りは入りにくい

右回し蹴りだと、相手のガートの手や左肩に引っかかって、蹴りがアゴに当たりにくい。

第7章

High Round House Kick
倒す！上段回し蹴り

相手の顔まで足を上げたら、腰の回転とヒザ先のバネで蹴る

相手のアゴは、全身のバネと、主にヒザのバネをしっかりと使って弾くように蹴る。軸足のカカトを返すと蹴り抜きやすい。

相手の右肩の側面を滑らせるようなイメージで、相手のアゴを狙って、斜めに蹴り足を上げていくといいだろう。

腰→上半身と連動させて回し、蹴りをスタートさせる。いきなり遠くを蹴ろうとせず、ヒザを抱え込むように上げていこう。

組手の構えから、軸足になる右足を踏み出して重心移動し、蹴り足を力まずに上げられる状態を作る。

回して蹴ると、動きにムダが多くスピードが遅いばかりか、体の柔らかさが必要になる

回して蹴ろうとすると、ヒザを外から回して蹴りをスタートするため、どうしても体が開いてしまい安定感に欠けるし、股関節を大きく動かすために、柔軟性が必要になる。また外から大きな軌道を描いてくるので、相手にも悟られやすく、反撃も受けやすい。基本稽古で回して蹴るのは、体の使い方を学ぶためだ。

“回し蹴り”という言葉のイメージにだまされるな！ コンパクトに蹴れば、ムダなくシャープに相手に当てることができる

多くの人がイメージしている“外から回して蹴る”回し蹴り。軌跡が長いので、蹴り始めからインパクトまでの時間も長く、柔軟性も必要になる。

床から相手のアゴまで、相手の肩をかすめるように、緩やかな軌跡で蹴るのが理想だ。直線に近いので、ムダな力を使わずシャープに蹴れるし、タイミングもつかみやすい。

“上段回し蹴り”はイメージほど、高い位置を蹴る必要はない！

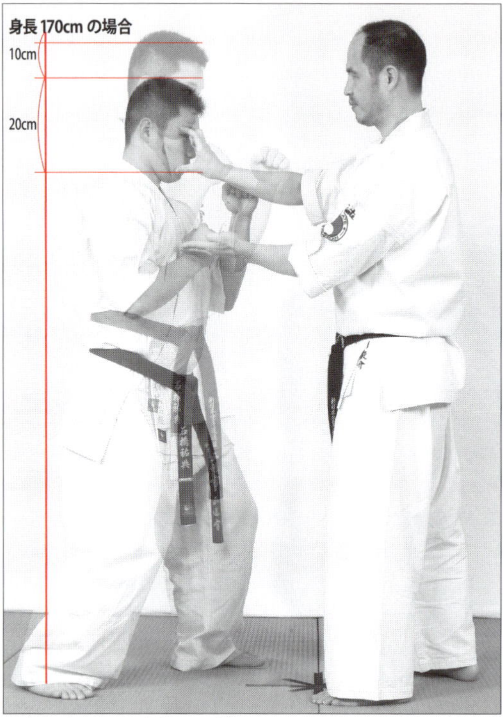

ほぼ同じ身長の2人だが、相手が構えると、アゴの位置はぐっと下がり、自分の肩より低くなる。この位置であれば、多少、体が硬い人でも、自分でも上段回し蹴りが蹴れるという気になるだろう。

構えただけで、相手のアゴの位置はグッと低くなる

上段回し蹴りというと、「高いところを蹴らなければいけない」とイメージしがちで、これが苦手意識を起こす一因にもなっている。多くの人が漠然と、「頭部を蹴る」と考えているようだが、狙うべきアゴは頭頂部から約20センチ下。さらに相手は構えると同時に腰を落とすので、個人差はあるものの約10センチはアゴの位置が下がる。つまり、身長170センチの相手であれば、170センチ－（20センチ＋10センチ）＝140センチの位置にあるアゴを蹴り抜くことができれば、倒せるということだ。これまで体の硬さを理由に苦手意識を持ってきた人は、これを機会に、ぜひ練習してほしい。

脱力して蹴り足を上げることが大切だ

上段回し蹴りの一番の大敵は、力みだ。力みが体の硬さを生み、タイミングを遅らせる。軸足に体重を移したら、腰の回転に任せて、蹴り足をスッと上げて蹴ってみよう。

組手の中で、相手のアゴの位置は30センチ〜40センチ低くなる

組手での相手のアゴの位置を追ってみたのが、上の写真だ。相手と向き合ったときは、身長からマイナス20センチの位置だが、緊張状態になると腰を落とすため、さらに10センチ低くなる。ここから、突きなどを突いて前に出たりすれば、さらに10センチは低くなるだろう。身長170センチの相手であれば、突きを捌いた時点で、アゴの位置は約130センチ。蹴りに行くときに力めば、相手に悟られてチャンスを失うが、突きを受け流した体を反転させながら、脱力して蹴り足を上げるだけなら、アゴを捉えることはそれほど難しくないはずだ。最初は、上段回し蹴りで倒すことよりも、蹴り足をアゴに当てることから始めよう。タイミングさえわかれば、相手を倒せる日も近い。

蹴り足が上がらないのは、体の使い方が悪いからだ

どうしたらスムーズに蹴り足を上げることができるのか？　その動きを背後から見てみよう。組手の構えから、肩から腰を反転させてタメを作る。このとき、前足のヒザを曲げることで体重を下方向に落としているが、これは足を上げるためのリバウンドを得るための動作。ジャンプするときに縮む予備動作と同じだ。蹴りをスタートさせる際、タメを爆発させるように、軸足を回転させながらヒザを伸ばしている。一旦、下に落とした体重を床にリバウンドさせて上に伸びることで、蹴り足が上がっていくことを促しているのだ。体が十分に回転していれば、蹴りは自然と走っていく。あとは、ヒザのスナップを使って相手のアゴを蹴ろう。

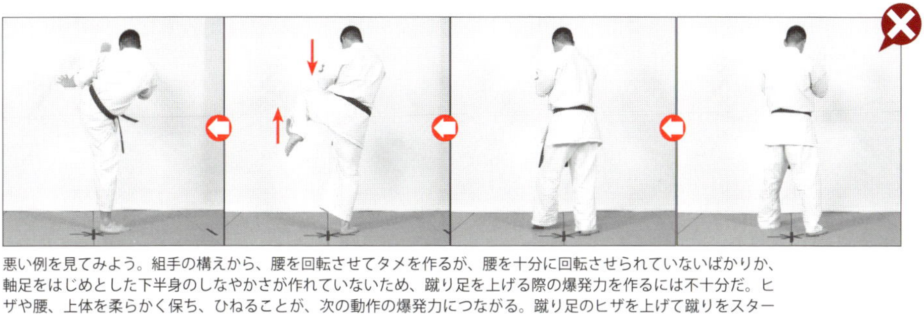

悪い例を見てみよう。組手の構えから、腰を回転させてタメを作るが、腰を十分に回転させられていないばかりか、軸足をはじめとした下半身のしなやかさが作れていないため、蹴り足を上げる際の爆発力を作るには不十分だ。ヒザや腰、上体を柔らかく保ち、ひねることが、次の動作の爆発力につながる。蹴り足のヒザを上げて蹴りをスタートするが、背筋や腹筋を使ってヒザをあげているため、上半身の力み＝硬さが、スムーズな身体の回転を邪魔している。また、蹴り、首をすくめていて、足を上げる力と、上体を下へ折る力がぶつかり合って、蹴り足が上がりにくくなっている。

相手のサイドに回り込むことで到達時間の短い、威力のある左上段回し蹴りを蹴ることができる

「倒す！　上段回し蹴り」で大切なのは、相手のサイドへと回り込むポジショニングだ。一本勝ち＝KOは、相手のアゴをいかに蹴り抜き、脳を揺らすかにあるが、サイドに回り込んで軸足の位置を深く取ることで、蹴り足のスタート位置と相手のアゴがより近くなり、ヒットするまでの時間が短くなるのはもちろん、アゴをインパクトしてから蹴り抜くまでの長さ（＝フォロースルー）が稼ぎやすくなるのだ。

組手の構えでは、正対する相手のアゴの中心は、自分のアゴの中心でもある。軸足となる右足を相手のサイドに一歩踏み出すことで、蹴り足を上に振り上げるだけでアゴを蹴ることができるポジションに立つことができる。

軸足を踏み出すと同時に、腰を左に回転させて、上段回し蹴りへのタメを作ろう。このとき、下半身も柔らかく保ち、十分なねじれ＝タメを作ること。ゴムがねじれるのをイメージするといいだろう。

ゴムのねじれを解くように腰→肩→軸足と回転させて、左上段回し蹴りで相手のアゴを左から右へ蹴り抜く。このとき、相手の右肩前方をかすめるようにして蹴ると、アゴまでまっすぐに最短距離で蹴ることができる。蹴り足を上げるのが窮屈と感じたら、サイドにステップするときの軸足の踏み出し位置を変えてみよう。

相手の前足のツマ先より深く踏み込むことで“死角”に入ることができる

人間の視野は左右約100°、下方向約75°といわれている。これは、中心から角度が開くごとに見えづらくなるのだ。「倒す！上段回し蹴り」の場合、相手の前足のツマ先より深く踏み込むのが目安。相手の死角に入ることができる。
相手の前足のツマ先より深く踏み込んだら、蹴り足を外から回すのではなく、ヒザを引き上げるようにして、体の回転とヒザのバネ、軸足の回転で蹴ろう。相手の下方向の視野にも入りづらくなるので、蹴りはほとんど見えないはずだ。

サイドに回り込むと、蹴りのインパクトを深く取ることができる

「倒す！上段回し蹴り」のサイドに回り込む際の位置関係を、上から見てみよう。両者が正対しているとき、蹴り足の位置は相手の右足前方の延長線上になるが、サイドに回り込むと、相手のアゴの前方よりさらに右に深く位置することになる。

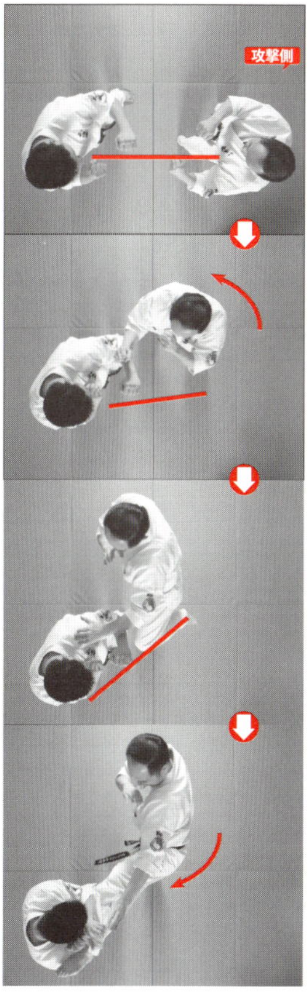

このポジションから相手のアゴを蹴るだけでも、十分左方向に蹴り抜けるが、腰→肩と軸足の回転を使うことで、さらに確実に蹴り抜き、脳を揺らして倒すことができるのだ。体の回転はもちろんだが、右斜め前方に踏み出す勢いを、蹴り抜く力にムダなく変えていくことも大切だ。

ステップインは斜め45°蹴りの間合いを保つことが大切だ

ステップインは、軸足を斜め45度前方に、歩くように踏み出せばいい。このとき注意したいのが、踏み出した位置が、蹴りの軸足の位置になるということ。相手と近すぎると、蹴り足を上げるのに、柔軟性が必要になってくる。基本的には45度だが、自分の柔軟性と相談しながら、踏み込み角度を変えていくといい。ただし相手と離れれば、離れるほど、蹴りは相手に見えやすくなるということも知っておこう。

DVD
第7章
Part.4

相手の攻撃を捌いてからの上段回し蹴り

相手の左右の突きを受け流し、左上段回し蹴りを決める

組手は、相手との攻防から成り立っている。いわば相手の技を制し、自分の技へ結び付けてこそ組手だ。左上段回し蹴りで相手を倒すためには、相手の技を捌くことをきっかけに右サイドへステップし、最適なポジション変更を行うことが大切だ。基本となるのは、相手の突きの連打を捌いてからの左上段回し蹴り。上の写真は、逆突きを捌いたとき、左ポジションに入るが、相手の肩がアゴを覆っているのでここでは蹴らない。相手の左下突きをかわしながら、右の鉤突きを突いて右側にポジションを移し、左上段回し蹴りで倒している。

攻撃を捌きながら、蹴りへのパワーをタメて、ポジションを変化させて蹴ることが大切!

上から見たポジションの変化

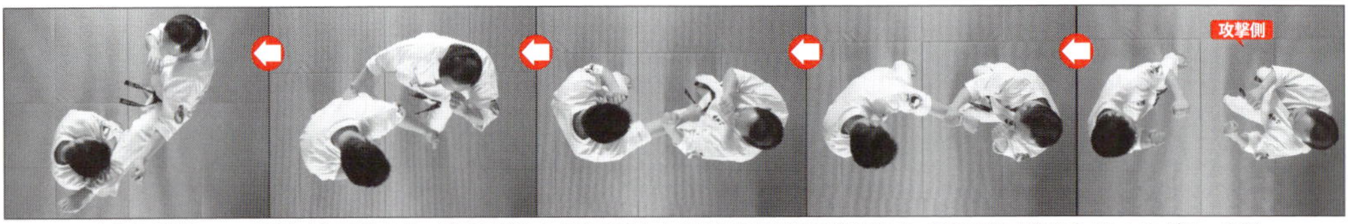

上からポジションの変化を見てみよう。組手の構えから相手の左右の突きを外受けで受け流す。相手の左下突きをかわしながら、右斜め前にステップイン。このときに上段回し蹴りにつなげられる距離に軸足を置くのが大切だ。最後は、左上段回し蹴りで倒す。

相手の突きを強く捌くことで上体の向きを変えて、左上段回し蹴りで倒す

DVD
第7章
Part.7

相手の左順突きを力強く捌くことで相手の上体を回転させ、自分が右サイドに踏み込んだのと同じ位置関係にすれば、その場で、左上段回し蹴りで倒せる。

相手の左右の突きを受け流し、左上段回し蹴りを決める

相手がラフファイターの場合、打ち下ろしの突きを大きく振ってくることがある。この場合、相手の突きを受け流しながら、右サイドにステップイン。体勢の崩れた相手の顔面に左上段回し蹴りのカウンターを入れる。

相手の蹴りを捌いて左上段回し蹴りで倒す

相手の左前蹴りを捌いて、左上段回し蹴りで倒す

相手の前蹴りを外受けで捌いて、上段回し蹴りへとつなげるコンビネーション。しっかりと相手の蹴り足を捌いて体の向きを変えさせながら、自分も必要に応じて相手のサイドへとポジションを変更し、左上段回し蹴りで倒す。

相手の左上段回し蹴りを捌いて、左上段回し蹴りで倒す

相手の左上段回し蹴りを下段払いで捌いて、左上段蹴りで返すのがこのコンビネーション。相手の蹴りの遠心力を殺さず、そのまま後ろを向かせるように蹴り足を捌く。右サイドにステップしたときの自分の体の回転を反転させるようにして、左上段回し蹴りを蹴ろう。

"掛けあり"のルールであれば、相手の左袖をつかんでサイドに回り、左上段回し蹴りで倒す

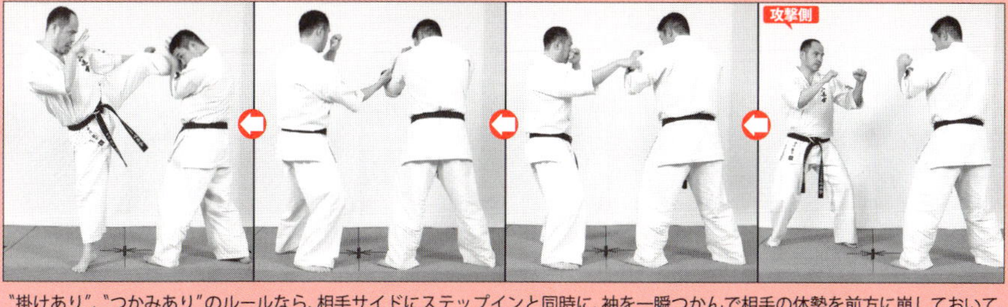

"掛けあり"、"つかみあり"のルールなら、相手サイドにステップインと同時に、袖を一瞬つかんで相手の体勢を前方に崩しておいて、左上段回し蹴りを蹴って倒そう。相手のアゴの位置をコントロールできるので、より蹴りやすくなるはずだ。

接近戦で左上段回し蹴りを決める

DVD 第7章 Part.9

接近戦でも、サイドステップを巧みに使えば、左上段回し蹴りで相手を倒すことができる!

間合いの近い接近戦では、相手が前に出てくるのに合わせてすれ違うようにサイドに入れば、上段回し蹴りを蹴ることができる。大切なのは、相手のサイドにステップしたとき、上段回し蹴りを蹴ることができる位置に軸足を置くこと。ステップバックするわけではないので、相手の死角から気づかれることなく上段回し蹴りを蹴ることができる。

相手の前進に合わせてサイドステップし、左上段回し蹴りを決める

接近戦では、互いに圧力をかけ合うため、前の足に重心が移ることが多いし、間合いが近いため視野がグッと狭くなる。突きや下段回し蹴りの攻防のなか、相手の左の突きなどに合わせて、相手と入れ替わるようにサイドにステップイン。このとき、左上段回し蹴りを蹴ることができる位置に軸足を置くことが大切だ。軸足に体重が移る慣性を活かして、蹴り足を最短距離で蹴り上げよう。

上段回し蹴りの間合いは、踏み出す軸足の位置で調節する

接近戦での上段回し蹴りを、上から見てみよう。接近戦での突きや下段蹴りなどの攻防から、相手の左の突きを捌くなどをきっかけに、サイドに回り込む。このとき、軸足となる足は、蹴り足を振り上げるだけで相手のアゴを蹴ることができる位置に踏みだそう。蹴り足が上げにくい場合は、上体を傾けるなどしてバランスを取るとよい。

接近戦に入るときには、顔面やボディへの攻撃に注意しよう

接近戦への出入りは、視野が大きく変化するので、相手の技が見えづらく、思わぬ技をもらうことがある。間合いの変化は、常に危険が伴うことを知っておこう。

直接打撃制の空手の大会では、手による顔面への攻撃が禁じられているが、それでも接近戦に入るときは、顔面のガードを怠らないことが大切だ。

相手の左右の下突きを受け流し、左上段回し蹴りを決める

接近戦でもっとも多いのが下突きによる攻防だろう。相手の下突きを捌いて左上段回し蹴りにつなげるコンビネーションは、いわば基本だ。接近戦での組手の構えから、相手の右下突きを左下段払いで受け、続く左下突きを外受けや体捌きで受け流しながら、右斜め前にステップインして、相手のサイドへと入る。踏み出した軸足にしっかりと重心を移して右鉤突きを突き、左上段回し蹴りを相手の肩口を摺り上げるようにして蹴ろう。

相手が積極的に前に出てきたら、サイドにステップして素早く蹴る

接近戦で上段回し蹴りを確実に決めるには、的確なポジション変更が重要だ。相手が下突きを出してきたら、サイドにステップしながらこれをかわそう。このとき、相手のボディに鉤突きを突けば、ガードの意識を中段に引きつけることができ、上段回し蹴りも入りやすい。

下段回し蹴りからの二段蹴りで、試合の流れを変え、そして倒す

接近戦での、フェイントの下段回し蹴りから上段回し蹴りという常識外のコンビネーションも、サイドへのポジション変更からなら可能だ。ここでは、２つのパターンを紹介しよう。

前の足の内股への下段回し蹴りからの上段回し蹴り

組手の構えから、間合いを詰めて内股への左下段蹴りを放ち、相手のガードの意識を下段に引きつける。下段回し蹴りの蹴り足を戻すことでタメを作り、その足で床を蹴ってサイドステップ。軸足に重心を乗せて左上段回し蹴りを放つ。サイドステップすることができなければ、上体をサイドに倒しながらスペースを作り、床を蹴った勢いで左上段回し蹴りにつなげよう。

奥の足への下段回し蹴りからの上段回し蹴り

下段回し蹴りのフェイントから、床に足を戻すことなく左上段回し蹴りを放つのがこのコンビネーションだ。組手の間合いから、間合いを詰めて奥の足への左下段回し蹴りを放つ。大切なのは、下段蹴りを戻す際に、ヒザを曲げて〝壁〟を作り、上半身を左へと回転させて、左上段回し蹴りへのタメを作ることだ。このねじれを解くようにして左上段回し蹴りを蹴ろう。

予備動作なしのノーモーションで技を出すことができれば、相手の出鼻にタイミングを合わせて技が出せるため、組手において大きなアドバンテージを手に入れることができる。特に左の上段回し蹴りは、間合いに入ってくる相手、さらには下段回し蹴りにくる相手を倒すことが可能だ。
ここでは3つのステップでマスターする方法を紹介しよう。

相手の左下段回し蹴りに合わせて、カウンターの左上段回し蹴りを放つ。タメを作ろうと足をスイッチすると、タイミングが合わなかったり、相手にガードされたりするが、ノーモーションの蹴りであれば、ガードの下がった顔面をダイレクトに蹴ることができる。

ノーモーションの左上段回し蹴りを蹴ることができれば、攻撃力は2倍になる

3つのステップで完全マスター!!

Step1 蹴り足を引いてタメを作り、体の回転で蹴ってみよう

ノーモーションで蹴る左上段回し蹴りのステップ1は、体の使い方や力の流れを覚えるために、しっかりとタメを作って蹴ってみよう。前の足を、後ろの足と並ぶまで引きながら、ややヒザを曲げ、腰を回転させて蹴りのタメを作る。腰を回転させてタメを解くように蹴りをスタート。帯が右真横を向くぐらい腰を回転させて、相手の肩口を滑らせるような軌道でアゴを蹴る。インパクトの瞬間、カカトを返すことで、より深く蹴ることができる。

第7章 High Round House Kick
倒す！上段回し蹴り

Step2 重心を軸足に移し、蹴り足から抜重して腰の回転で蹴る

ステップ２は、腰の回転でタメを作らず、引いた蹴り足を戻すことで蹴る方法と、腰の回転だけで蹴る方法の２通りがある。腰の回転で蹴る方法は、組手の構えからヒザを上げ、そのヒザを壁にして、左に腰を回転させながらタメを作り、それを解くようにして左上段回し蹴りを蹴る。

Step3 ノーモーションは、全身のバネと腰の回転で蹴る

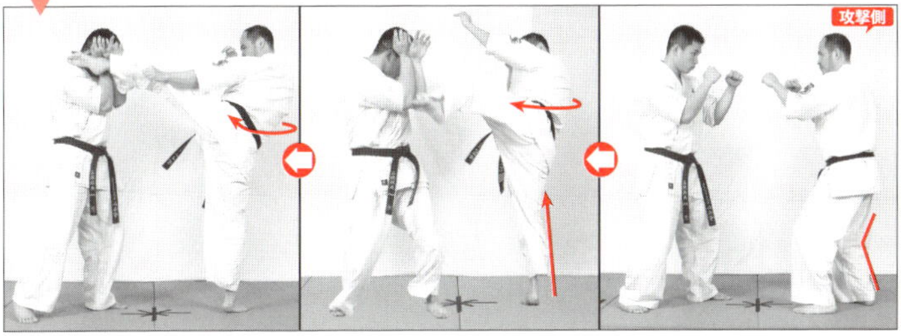

ステップ３は、組手の構えから、タメを作ることなく、軸足のヒザの伸びや蹴り足が床を蹴るバネ、腰の回転などを使いながら蹴る方法だ。相手の肩口をかすめるような蹴りの軌道をイメージすれば、ムダのない動きができるはず。床から相手のアゴまで、最短距離で蹴ろう。

３つのステップの、蹴りのフォームを比較してみよう

ノーモーションの上段蹴りは、体のバネが大切なので、構えに力みや緊張は禁物。足幅も、歩けるぐらいがベストだ。

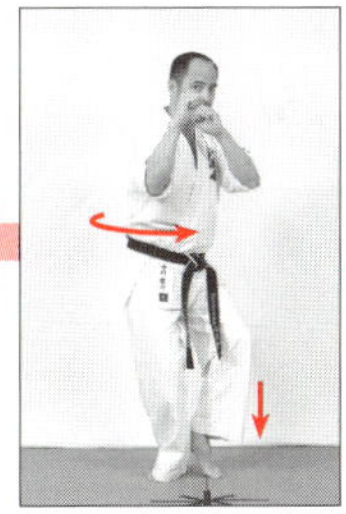

Step1
タメとバネを生かした体の使い方を覚えよう

蹴り足を引きながら、腰を左に回転させて蹴りへのタメを作ろう。このとき、蹴り上げるために若干、腰を落とすとよい。

引いた足と、腰の回転で作ったタメを解くようにして蹴りを始動させる。引いた足で床を蹴って、蹴りを始動させよう。

Step2
軸足に重心を乗せ、腰の回転で蹴りを上げる練習をしよう

上げたヒザを壁とし、上半身を左に回転させて、蹴りのタメを作る。ヒザは左に回転させた体の正面で抱え込むこと。

Step3
曲げていた軸足と蹴り足のバネを使いながら蹴りを始動させる

組手の構えで腰を落とすために曲げた軸足のヒザのバネと、蹴り足のヒザを伸ばすバネを使いながら蹴りを始動させる。ガードのヒジや、蹴り足のヒザを外に開かず、爆発力を高めることが大切。

蹴りの軌道は、構えたときに、蹴り足があった床から相手のアゴまでの最短距離だ。インパクトの瞬間、しっかりと軸足のカカトを返して蹴りのパワーを引き出そう。

大切なのは、蹴るためのタメと体のバネだ。ステップ１では力と体の使い方を覚えるためにタメとバネを存分に使うが、ステップ２では、動作を減らしてバネを強く意識して蹴り、ステップ３はバネのみで蹴る。

前蹴りで相手の前進を誘い、カウンターの左上段回し蹴りを決める

相手が、前に出てくるアグレッシブファイターなら、カウンターを狙っていこう。

まず、前に出てきた相手を、前蹴りで押さえて前進を阻む。タイミングが大切だ。

サイドに回り込んでの左上段回し蹴りは、カウンター技としても使うことができる。例えば、アグレッシブな相手の場合、前進してくるのを前蹴りで押さえて、さらなる前進を誘い、そこですれ違うようにサイドに跳び込み、左上段回し蹴りを放つことができる。

相手のサイドに飛び込む カウンターの左上段回し蹴り

DVD 第7章 Part.6

4つのステップで、カウンターの左上段回し蹴りをマスターしよう!

相手のサイドに跳び込む上段回し蹴りなんて難しすぎて…と思っても、4つのステップを踏みながら練習していけば、誰でもマスターできる。大切なのは、軸足の上でしっかりとバランスを取ることと、跳び込んだ際の慣性を蹴りの威力として生かすこと。流れのなかで蹴ることができるように、しっかりと練習していこう。

Step1 基本は足を左右スイッチしてからの左上段回し蹴り

ステップ1として、相手のサイドに跳び込む上段回し蹴りの基礎動作になる、左右の足をスイッチしてからの左上段回し蹴りをマスターしよう。これはジャンプしながら軸足のポジションを変更するための練習となる。①組手の構えから②左右の足を入れ替えて蹴りのタメを作る③まずは左右の足をスイッチしたら、その場で蹴ってみよう。慣れてきたら、軸足となる前足を、次第に相手サイド方向に踏み出すようにして左右の足をスイッチし、左上段回し蹴りを蹴ってみよう。このときに、軸足の位置や、蹴るときにバランスを保つことに意識を向けながら練習を進めると、次のステップに移行しやすいはずだ。

踏み込んだ軸足が着地した瞬間、左上段回し蹴りを決める。

接近戦の間合いに入ったら、すれ違うように相手のサイドに跳び込む。

相手が再び前に出てきたら、自分も前に出る。相手のガードの意識は正面にある。

Step2 相手のアウトサイドでスイッチしながら、上段回し蹴りを放つ

ステップ2では、相手の前足のツマ先の近くに踏み込み、軸足を置きながら、左右の足をスイッチして左上段回し蹴りを蹴ってみよう。最初に軸足を着地させ、蹴り足で床を蹴って左上段回し蹴りを始動させるのがポイントだ。

Step3 相手のアウトサイドに飛び込みながら、上段回し蹴りを放つ

ステップ3としては、相手のサイドに前足を踏み出して、そのまま左上段回し蹴りを蹴ってみよう。踏み出す際に体を開いてしまうとバランスを保ちにくいばかりか、足を上げづらくなってしまうので注意したい。

Step4 相手の 45°裏面に跳び込みながら、上段回し蹴りを放つ

ステップ4は完成形。相手の前足ツマ先より深く踏み込んで、その足を軸足として、そのまま左上段回し蹴りを蹴ろう。深くステップしようとして重心が軸足の外側に流れてしまうと、蹴り足を上げる際にバランスを失いやすくなってしまう。

右上段回し蹴りで倒す！

DVD
第7章
Part.10

相手の構えの手と肩が邪魔になって入りにくい右の上段回し蹴りだが、相手の攻撃を捌いて体の向きをコントロールすることで、倒し技として蹴ることができる。右上段回し蹴りは、器用な利き足であり、またタメの効いた引き足で蹴るため、逆に軌道が大きくなりがちだが、左の蹴り同様、床から相手のアゴまでコンパクトに蹴ることが肝心だ。

右上段回し蹴りは利き足である分、力みやすいが、体を開かずにヒザを内側に入れて、床から相手のアゴまで最短の軌道でコンパクトに蹴ろう。

Point

右回し蹴りは、相手の構えの手や肩に当るため、正面から蹴っても、アゴに当てることは難しい

右上段回し蹴りは、正面から蹴ると相手の構えの前の手と肩に引っかかってしまう。

当てることが一番大切。力まずにヒザを上げ、ヒザ先のバネで蹴り足を走らせる

右上段回し蹴りは、組手の構えから、前足に重心を移して軸を作り、腰→上体を回転させながら、蹴り足をヒザから引き上げていく。このとき、体を開かないこと。相手のアゴは、体と軸足の回転、ヒザ先のスナップで蹴り抜く。

相手とのポジションを変えることで、右上段回し蹴りで倒すことができる！

自分が左に位置を変えることで、右上段回し蹴りで倒すことができる。例えば、相手の右の突きを捌くと同時に左サイドに踏み込むと、相手の上体の角度が右上段回し蹴りの軌道と合うので、相手のアゴを蹴ることができる。

応用編 右上段回し蹴りで倒す！コンビネーション

相手の左右の突きを受け流し、右上段回し蹴りを決める

組手の構えから、相手の左の突きを受け、右の突きを強めに受け流しながら、サイドにステップして右上段回し蹴りを蹴る。相手の右の突きを捌くことで上体の向きをコントロールできるのはもちろん、ガードの手を流すことができるので、倒せる確率は格段に上がる。

上から見たポジションの変化

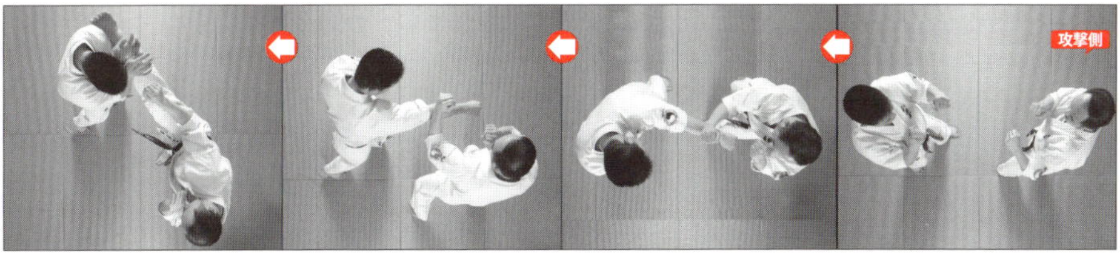

相手の突きを捌いて右上段回し蹴りにつなげる流れを上から見てみよう。相手の突きをやや下方向に捌くことで、ガードの手を封じることもできる。サイドにポジション変更すれば、蹴りの軌道と相手の上体の面が合うので、無理なく相手のアゴを蹴ることができる。

右前蹴りを捌くことで、相手の体の向きをコントロールし、右上段回し蹴りで倒す

相手の右の蹴りを捌くことで、軸足を中心に相手の体勢を崩すことができるので、右上段回し蹴りにつなげやすい。組手の構えから、相手の右前蹴りを左外受けで流して回転させながら、左サイドにステップ。右上段回し蹴りを蹴る。

右上段回し蹴りを捌くことで、相手の体の向きをコントロールし、上段回し蹴りで倒す

相手の右上段回し蹴りの遠心力をそのままに捌けば、体勢を大きく崩すことができる。組手の構えから、相手の右上段回し蹴りを両手で受けて、斜め下に落とすように捌いて、相手の体の向きをコントロールし、左サイドに少しステップして右上段回し蹴りを蹴る。

道場でのスパーリングや組手は、毎回テーマを持つことが大切

格闘技が一般的になり、スポーツ色を帯びたからでしょうか、空手入門者の多くが、早い段階からスパーリングを希望するようになりました。かつては、尻込みしながらも先輩に胸を借りたものですが、今の道場生たちは黒帯相手に構える姿も堂々としています。

スパーリングは、空手において、基本はもちろん、種々の稽古の習練度を試す貴重な時間なのですが、ここでテーマを持って行えているかどうかが、成長のカギになってきます。

例えば、下位の色帯なら、相手の動きを正しく見ることや、正しく受け返しができるか。また基本どおりに体が使えているかチェックすることが大切でしょうし、大会を目指している人なら、練習中に技を試したり、また相手のスタイルへの適合力、駆け引きなどを磨くことがテーマになるでしょう。

もちろん、誰が強い、弱い、技が入った、入らないも気になるでしょうが、ただ、そこに一喜一憂するぐらいなら、ぜひ自分や仲間の成長に目を向けてください。入門当時は、基礎体力に優れた運動経験者や、体格が大きい者が強いのは当たり前。でも３年後、５年後に逆転しようと思ったら、基本稽古→ミット稽古→約束組手→スパーリング→基本稽古……といったループを作り、目標と課題を持って、自分を見つめながら稽古していくことが必要です。スパーリングで大切なのは、自分は強いという過信よりも、計画的な稽古と確かなテーマ、自分や周囲を冷静に見る眼と、成長を求める気持ちなのです。

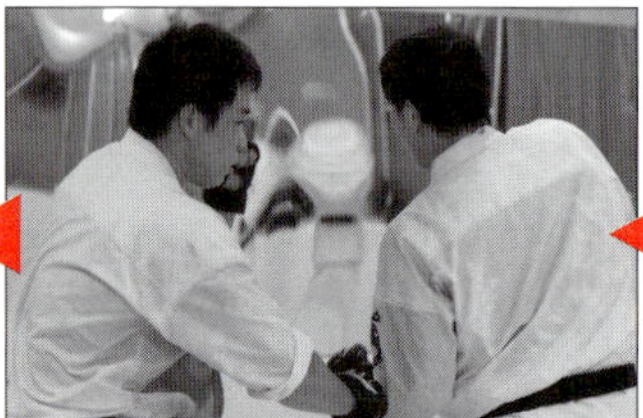

第8章

Front Kick

空手伝統の前蹴りを制する者は、
今の時代でも勝負を制する

必倒の前蹴り

DVD
第8章
Part.1

中間の間合いで蹴る基本の前蹴り

空手の伝統的な技である前蹴りだが、近年、直接打撃制の空手の試合はもちろん、プロ、アマ問わず、多くの格闘技でKO技として注目を浴びている。現在は前蹴りといっても、相手との間合いや蹴りの軌道などで、蹴り方もさまざまだ。ただし基本なくして、応用はあり得ない。まずはしっかりと基本の前蹴りを身に付けよう。

体の軸を保持してヒザをしっかり抱え込んで蹴る

前蹴りは、ヒザの抱え込みが命だ。これが甘いと体が開いてしまい、蹴りのパワーも伸びも出ない。軸足に重心を乗せたら、そのままヒザ先を伸ばせば相手のボディに刺さるぐらいまで、ヒザを上げて抱え込もう。

ヒザ先のスナップで素早く蹴る

前蹴りのパワーを司るのは、ヒザ先を伸ばすスナップだ。組手の構えから、ヒザを抱え込み、ヒザ先を伸ばす。同時に腰→軸足のカカトの順で回転させると、蹴りが伸びる。

蹴り足を伸ばし切るようにして蹴ると捌かれたときにバランスを崩しやすい

蹴り足を前に伸ばしきってしまうと、戻すことができないばかりか、相手に捌かれた場合、大きくバランスを崩しやすい。これは、右のガードの手を脇から離して上半身を開いてしまったり、腰を回しすぎたりしても起こること。重心を軸足にしっかりと残し、ヒザ先のスナップ＋腰と軸足の回転で蹴ることが大切だ。

蹴り足をタップするようにスタートさせることで、素早く連打できる

前蹴りは、蹴り足をわずかに引いて、床をタップするように蹴ってスタートさせると、威力のある蹴りが蹴れる。例えば、構えから、左上段ヒザ蹴りを蹴ってガードを上げさせる。蹴り足を引くと同時にステップバック。前蹴りの間合いから、軸足となる右足に重心を移し、蹴り足をわずかに引いて、床を蹴るようにタップしながら前蹴りを始動し、相手のボディを蹴る。

タップとは、威力とスピードのためのタメである

タップとは、前蹴りの威力とスピードを増すためのタメだ。足の動きにポイントを絞って見てみよう。組手の構えから、蹴り足となる前足をわずかに引き、つま先立ちになって床を蹴るようにして蹴りをスタートさせる。このとき、足首のスナップを使って床を蹴ることがポイントだ。

Point

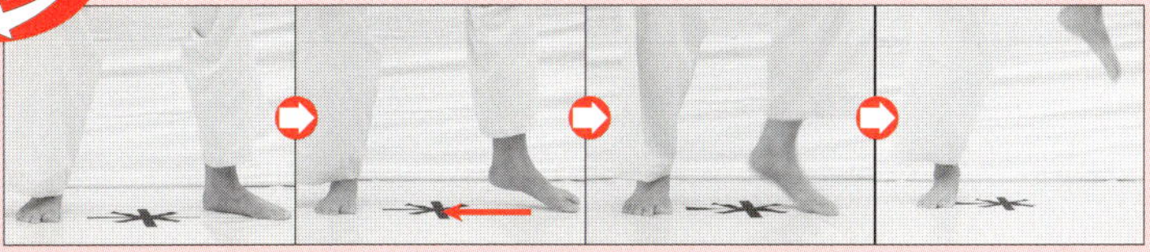

前足のカカトを浮かせて引きながら、ツマ先で床を蹴るようにして蹴りをスタートさせる。ツマ先で床をポンと蹴るだけで、蹴り足のヒザが上がるはずだ。

Point

腰と蹴り足を引くと、力強い連打ができる

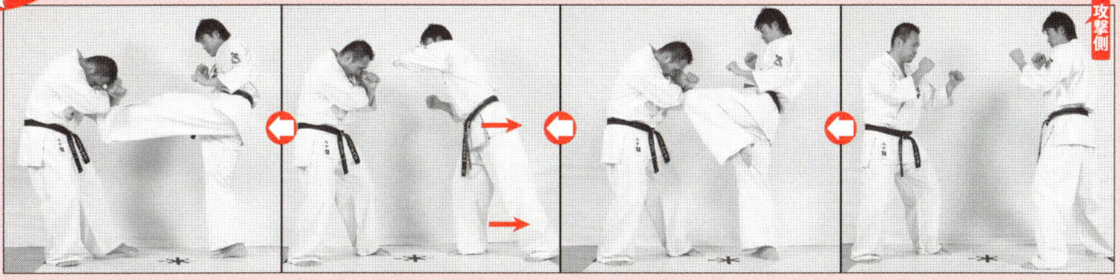

引いた腰を前に出しながらヒザを引きつけ、前蹴りを蹴る。腰が前に出る慣性で、蹴りが押し出される。

蹴り足を引きながら、腰も少し引く。軸足よりも後ろに引くことで、十分なタメを作ることができる。

右足を踏み出して重心を移し、左の上段ヒザ蹴りを蹴り込んで、相手のガードを上段に引きつける。

さらに強い前蹴りを蹴りたいなら、より大きなタメを作るために、腰と蹴り足を引いて蹴ろう。

DVD
第8章
Part.2

前に出てくる相手を止める前蹴り

直線的な軌道の前蹴りは、相手にもっとも早く到達し、また見えづらい蹴りでもある。その利点を生かせば、相手の前進を押さえたり、顔面を蹴り上げたりすることもできる。

相手が前に出てきたら、相手の胸を足の裏で押して、前進を止めよう。大切なのはタイミングだ。蹴りを出すのが早すぎれば相手に捌かれてしまうし、遅ければ、そのまま押し込まれてしまう。

押す前蹴りで、相手の前進を防ぐ

安定を得るために、軸足の上にしっかりと重心を乗せること。上体の後傾が大きいと、相手の前進する力に負けてしまう。足はヒザがやや曲がる程度がベスト。相手の胸を押すように蹴ろう。

右前蹴りは、オーソドックスに構えた相手だとヒジを蹴るおそれがある

相手がオーソドックスの構えの場合、右の前蹴りで止めようとすると、相手の前の構え手のヒジに当たってしまうことがある。また、上体の面が自分から向かって左に向いているので、右の前蹴りでは胸を蹴ることはむずかしい。

Point

左の攻撃で相手の構えがサウスポーになったときは、右前蹴りを蹴る

右の前蹴りが有効なのは、相手の上体が向かって右に向く、サウスポーに構えたときだ。例えば、左の下突きや、左の中段蹴りなどで攻撃し、相手がそれを嫌って、スイッチしてサウスポーに構えた一瞬などは、右前蹴りを蹴るチャンスだろう。普段、オーソドックスに構える選手であれば、サウスポーに構えた瞬間は、視覚や利き手など、違和感があるはず。技がより入りやすい瞬間ともいえる。

応用編 上段前蹴りで相手のアゴを蹴る

ヒザ蹴りで相手のガードの意識を中段に集めて、上段前蹴りを蹴る

上段前蹴りを決めるためには、中段や下段にガードの意識を引く必要がある。ただし、技によって間合いが違うので、それを調整しながら蹴ることが大切だ。例えば、左中段ヒザ蹴りから上段前蹴りのコンビネーションの場合、中段ヒザ蹴りでガードの意識をボディに引きつけたあと、蹴り足を引きながら、軸足と腰を引き、間合いを作って、相手の意表を突く左上段蹴りを蹴る。

下段回し蹴りで相手のガードの意識を下段に集めて、上段前蹴りを蹴る

下段回し蹴りから上段前蹴りへとつなげるコンビネーションは、組手の構えから、内股への左下段蹴りで相手の前の足を払ってバランスを奪う。蹴り足を引くと同時に軸足と腰を引き、下から相手のアゴを突き上げるように左上段前蹴りだ。大切なのは、上段前蹴りを蹴る際の軸足の位置。自然に蹴ることができれば、あえて腰を引くことはない。

中段回し蹴りで相手のガードの意識を側面に集めて、上段前蹴りを蹴る

上段前蹴りを決めるには、ガードの意識を上下に振ること、さらに側面に振ることでヒット率を高めることができる。左中段回し蹴りでガードを側面に引きつけ、引き足を戻した勢いで床を蹴り、左上段前蹴りを蹴る。

相手の下段蹴りを受けてカウンターの上段前蹴りを蹴る

相手が回し蹴り系の技を出してくるときは、体が開いたり、前面のガードが空いているときがあるので、前蹴りは入りやすい。相手が右下段蹴りを蹴ってきたらヒザ受けし、受け足を戻した勢いで床を蹴り、左上段前蹴りを蹴ろう。

接近戦の間合いでの前蹴り

DVD 第8章 Part.3

前蹴りは、中間距離だけのものではない。腰の引きで蹴りのストロークをコントロールすれば、接近戦からでも蹴ることができるのだ。これによって、突きや他の蹴りとの連携や、受け返しなど、その可能性は無限大だ。大切なのは、コンパクトに素早く蹴ること。足の力は、手の力の数倍になるので、当てれば必ず効かせることができる。

腰を引いて、間合いを作って蹴る

振り打ちで相手のガードの意識を上段に引きつけて、前蹴りを蹴る

突きの間合いからでも、そのまま前蹴りにつなげることができる。組手の構えから、左の振り打ちを相手の鎖骨に打つ。相手のガードの意識が上段に上がったら、腰を引いてヒザを引きつけ、左前蹴りを蹴ろう。前蹴りが窮屈に感じるなら、ヒザを抱え込む直前に、軸足を少しだけステップバックしてもいいが、挙動が多くなるので、突きからそのまま蹴るのが理想だ。

十分な間合いが作れなければ、サイドから蹴ってもよい

上では、窮屈な場合、軸足を少しだけステップバックしてもよいと紹介したが、三日月蹴りで相手のレバーや肋骨側面を蹴ってもよい。これは、写真のように相手が上段にガードの意識を集めているときは効果十分。力まずに、ヒザ先のスナップを使いヒットさせることを優先に蹴ろう。

DVD 第8章 Part.3

遠い間合いでの前蹴り

届かない、と相手が思うような間合いからでも、軸足の柔軟性と腰の突き出しを使えば、上段、中段問わず、前蹴りをヒットさせることができる。

大切なのは、軸足に重心を残し、ヒザのスナップで蹴り足を伸ばすと同時に腰を突き出すこと。必要に応じて腰を回転させると、さらに蹴りが伸びる。

腰を突き出し、蹴り足を伸ばす

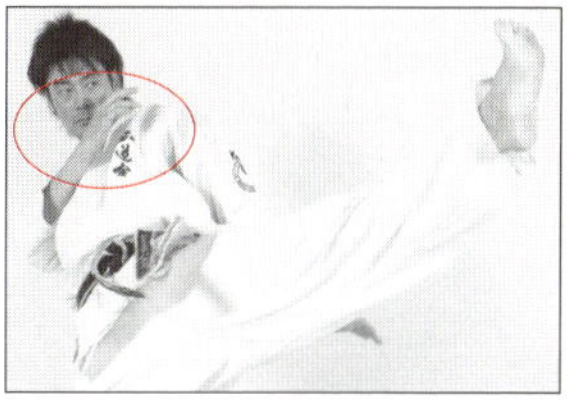

ガードの手で"壁"を作ることで、身体が流れない

蹴りと反対側の構えの手は、脇を締めて顔面の前においてしっかりとガードしておこう。これが"壁"となって、バランスも取りやすくなる。

引き手でバランスを取る

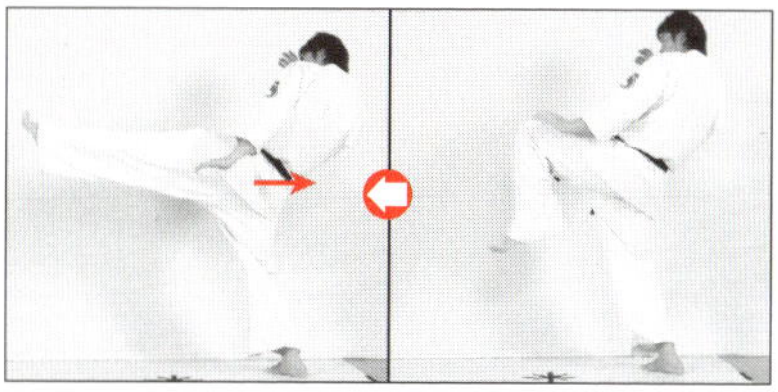

遠くを蹴る場合、腰を突き出すと同時に、蹴り側の構え手を引いてバランスを取ろう。脇を空けないことが大切だ。

内股への下段蹴りからサイドへステップし、遠くからの上段前蹴りを放つ

蹴りをきっかけにアウトサイドにステップして、相手の死角から上段前蹴りを顔面に蹴るコンビネーションがこれだ。組手の構えから、相手の前足の内股に左下段回し蹴りを放ちバランスを奪う。蹴りを引きながら、相手のアウトサイドに踏み出す。これが軸足になるので、最適なポジションに置くことが大切だ。軸足が決まったら、蹴り足となる右足を引きつけ、腰を送り出して右上段前蹴りを蹴ろう。

左右の上段回し蹴りでサイドにステップし、遠間からの上段前蹴りを放つ

連続した上段回し蹴りでガードの意識を左右方向に引きつけ、なおかつポジション変更で相手を錯乱させながら、顔面への上段前蹴りで仕留めるのがこのコンビネーションだ。組手の構えから左上段蹴りを放ち、蹴り足を引きながら相手のややアウトサイドに踏み出す。そこから右上段回し蹴りを放ち、相手のガードの意識を側面に引きつけておきながら、すばやく遠間からの右上段前蹴りで顔面を蹴る。

三日月蹴り

DVD
第8章
Part.5

「必殺の前蹴り」として、近年、プロ、アマ問わず多くの格闘技のフィールドで注目を集めたのが三日月蹴りだ。斜めから入る緩やかな軌道が、三日月を描くようだ、ということからその名が付いた。狙うのは、相手のレバーや脇腹。当たれば必倒の技だが、相手の構える手のヒジを蹴ってしまうというリスクも同時に持っている。

蹴りの軌道は、前蹴りと中段回し蹴りの中間

前蹴りはヒザを正面に縦にして抱え込むが、三日月蹴りは腰を回しながら斜めに抱え込む。この位置から、腰を突き出し、ヒザのスナップを使って中足で相手のレバーや脇腹を蹴る。ヒザの抱え込みの位置が甘いと正確に急所を蹴ることができない。

ヒザを斜めに上げて、蹴り足を走らせる

腰を切りながら、蹴り足を押し出す

三日月蹴り

ヒザを斜めに抱え込み。斜めの軌道で相手をインパクトする。中段回し蹴りほどサイドから回さない。腰の回転も水平というよりは斜めだ。ヒザを抱え込んだら、腰の回転とヒザ先のスナップで蹴ろう。

前蹴り

上の三日月蹴りとの写真と比較すると、三日月蹴りが腰の回転で蹴っているのに対し、前蹴りは腰を前に送って蹴っているのがわかるはず。蹴るときの体の使い方はやや異なる。

応用編 三日月蹴りが有効なコンビネーション

相手のガードを上げさせて、三日月蹴りでレバーを蹴る

中段回し蹴りでガードを上げさせ、三日月蹴りで斜め前からレバーを蹴って倒すコンビネーションがこれだ。組手の構えから、高めの左中段回し蹴りで相手のガードの意識を側面に集め、脇腹を空けさせる。決めの左の三日月蹴りは、始動やヒザの抱え込みを中段回し蹴りに似せ、相手のガードの意識を上側面に引きつけながら、相手のレバーを蹴る。

相手のガードの意識を上段に集めて、レバーを蹴る

上段回し蹴りでガードを上げさせて、三日月蹴りで脇腹を蹴るのがこのコンビネーションだ。組手の構えから左上段回し蹴りで相手のガードを上げさせる。ガードの意識を引きつけるために、ダイナミックに強く蹴ることが大切だ。再び、同じようなモーションから蹴りを始動し、相手がガードを上げたら、三日月蹴りですばやく相手のレバーを蹴ろう。

相手のガードの意識をボディ前面に集めて、脇腹を蹴る

相手のガードの意識をボディ前面に集めて、三日月で脇腹を蹴るのがこのコンビネーションだ。右の下突き、左のヒザ蹴りでボディ前面を攻撃し、相手のガードが前面に集まったら、ヒザ蹴りの蹴り足を引き、三日月蹴りで脇腹を蹴る。やや奥を蹴れば、ガードを少しぐらい戻されても、誤ってヒジを蹴ることはないだろう。

Point

ボディ前面のガードが堅い場合は、足首を直角にしてガードの奥を蹴る

相手のガードが堅く、なかなかレバー付近を空けないようであれば、足首を直角に立て、中足でヒジの奥の脇腹を蹴ろう。

変則前蹴り

DVD 第8章 Part.6

大会ではほぼ見ることがなく、逆に、使いこなせばおもしろいように決まるのが、この変則前蹴りだ。蹴りの始動は独特で、ヒザを外側に抱え込んでまっすぐに蹴る。抱え込んだヒザが外を向くので、オーソドックスの相手に対して右足で蹴っても、相手の構えの手のヒジにヒザが当たることがないし、近い間合いからでも蹴ることができる。

右変則前蹴り

右の変速前蹴りは、左足に重心を移し、蹴り足のヒザを外側に抱え込んで、腰の回転とヒザのスナップで蹴る。インパクトのときは、蹴り足を縦にして中足で相手のボディに当てていこう。

左変則前蹴り

左の変則前蹴りも蹴り方は同じだ。軸足となる後ろ足に重心を移し、ヒザを外側に抱え込みながらヒザのスナップを使って蹴る。

カカトを抱え込んで、内から外へ蹴る

右変則前蹴りは相手の構え手のヒジに当らずに蹴れる

変則前蹴りの利点のひとつは、ヒザを外に抱え込むので、相手の構えの手のヒジに遮られることなく右の前蹴りが蹴れることだ。蹴りの軌道も内側から外側へと向かうので、相手の上体の面に合わせて蹴ることができる。

蹴りの軌道が同じ上段内回し蹴りからのコンビネーションで蹴る

変則前蹴りの始動は、上段内回し蹴りと似ているので、つなぎ技としても生きてくる。組手の構えから、ヒザを外側に抱え込み、左上段内回し蹴りを蹴る。蹴り足を引いたら、右変則前蹴りで相手のボディに蹴ろう。ヒザの抱え込みを同じにするのがポイントだ。

前蹴りを、相手の構えによって蹴り分ける

変則前蹴りで内側から蹴る

相手の半身がきつければ、右の変則前蹴りを蹴ろう。ヒザを上げると、中足は相手のボディに向いているので、そのままヒザを伸ばせばよい。

左前蹴りで上体の角度に合わせて蹴る

半身のきつい相手は、左前蹴りを相手の上体の向きに合わせて、やや斜めに、三日月蹴りのように蹴ろう。

正面からの左右の前蹴りで、倒すこともできれば、前進を止めることもできる

上体が正面に向いているので、ガードの位置に注意さえすれば、中段を蹴った後に上段を蹴ったり、正面を蹴った後に三日月蹴りで側面を蹴ったり、などできる。

三日月蹴りで、ガードの奥や、両腕の隙間を狙う

前面にガードの手がある相手は、ヒザ蹴りなどでさらに正面にガードの意識を引きつけて、ボディの側面やレバーを三日月蹴りで蹴って倒しにいこう。

半身がしっかりした構え

攻撃は、相手の面に合わせて直角に当てるのが基本だ。相手がオーソドックスで、しっかりとした半身の構えの場合、上体の面が向かって左方向を向いているので、左前蹴りをやや斜めに蹴るか、右の変則前蹴りが有効だ。

ボディが正面を向いた構え

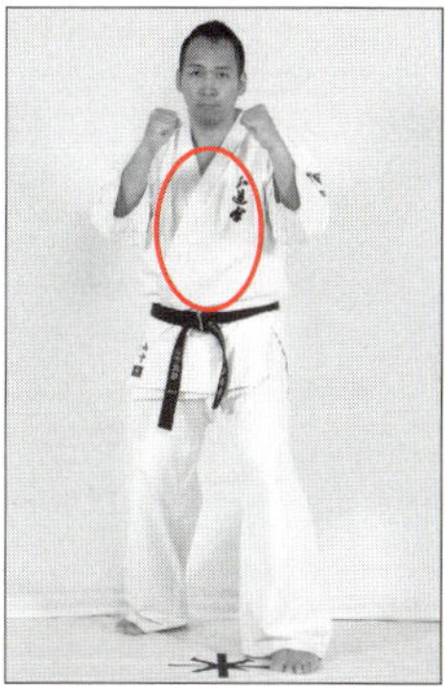

パワーファイターに多い、上体が正面を向いた構えは、前蹴りにとって格好のターゲットだ。中段で効かせるもよし、胸を足の裏で蹴って、前進を止めるもよし。上段で相手のアゴを蹴り上げてもよし、だ。

前面のガードが堅固な構え

軽量級の選手に多いボディの前面をしっかりとガードしたタイプは、ヒジが前にあるために前面を蹴るのはむずかしいが、逆にヒジの後ろの側面を三日月蹴りで蹴ったり、上段回し蹴りなどでガードを上げさせ、三日月蹴りでレバーを蹴ったりすることができる。

COLUMN

組手技術が変革期を迎えている今、前蹴りは、試合で勝つための必須の蹴り技だ

空手の技は、時代と共に変化してきました。特に蹴りはその傾向が強く、今では当たり前のように使われている技も、実は最近になって取り入れられたものだ、ということも少なくありません。

例えば、下段回し蹴りは60年代後半にムエタイによってもたらされたといわれていますし、カカト落としは故アンディ・フグ選手が87年の全世界空手道選手権大会で使い世界中に広まった、テコンドーの技を空手向けにリファインしたものでした。

新しく取り入れられた技は、相手の受けの対策が不十分なことなどで有効性が高く、あっという間に広がりをみせますが、その一方で“倒し技”として意識されずに進化が遅れてしまう技もでてきます。回し蹴り系の蹴り技が空手の主軸になって以降の前蹴りが、そんな存在でした。

その前蹴りも、近年、格闘技のジャンルを問わず脚光を浴び始めました。直線的な軌道で回し蹴りより相手への到達スピードが速く、また回し蹴りに慣れた選手は前蹴りへの警戒心が薄く、見えにくいというのが主な理由ですが、有効であると分かれば、技は急速に進化を始めます。今では、さまざまな蹴り方が登場し、多くの選手が“倒し技”として使っています。特に上段前蹴りについては、使う選手がこれまでに比べて増え、相手の緊張が強く動きの固い試合前半や、攻防が膠着しガードの意識が薄れはじめる延長戦などに多く見られるなど、出すタイミングも研究が進んでいるようです。

ぜひこの機会に、自分の前蹴りを磨いて下さい。上段、中段を問わず、自在に蹴れるようになれば、タイミングもわかり、逆にディフェンスも上手くなります。そして、なによりすべての蹴り技の基本でもあるのですから。

第9章 Knee Kick

これを身につければ、中間距離から接近戦は無敵!!

“第3の突き”といわれるヒザ蹴りを完全マスターする

ヒザ蹴りには、3つの蹴り方がある

DVD 第9章 Part.1

ヒザ蹴りには、大きく分けて3つの蹴り方がある。①ボディに刺す中段ヒザ蹴り。②下からアゴを突き上げる上段ヒザ蹴り。③横から相手のアゴを蹴り抜く上段ヒザ蹴りだ。蹴り分けは、相手の体勢、上体の向きやガードの位置などによって見極める。ここでは、3つの蹴りを正しく蹴れるように見ていこう。

❶ボディに刺すヒザ蹴り

腰の回転でヒザを送り出し相手のボディに突き刺す

相手のボディを狙う中段ヒザ蹴りは、①組手の構えから、②軸足に重心を移し、腰を回転させながら蹴りを始動する。③ヒザを内側に絞りながら、上体を前に浴びせるようにして、④腰を突き出すことでヒザを前に送り、相手のボディを蹴る。インパクトの瞬間、軸足のヒザを伸ばすバネ、軸足のカカトの返しを威力に換えることが大切だ。

軸足の上にしっかりと乗ることが大切

中段ヒザ蹴りは、軸足の上に重心を乗せ、腰→軸足をしっかりと回転させて、体の中心に向かってまっすぐにヒザを突き出すことが大切だ。

上半身を逆にひねってはダメ！

ヒザを出したときに、バランスを取ろうと、上体を逆にひねってしまうと、腰の回転にブレーキがかかり、蹴りの威力がスポイルされる。

Point

左ヒザ蹴りは、軸足をスイッチして蹴る

左の中段ヒザ蹴りは、回し蹴りや前蹴りのように左右の足をスイッチして蹴る。大切なのは、スイッチすると同時に軸足に重心を乗せること。これができていれば、腰を回してヒザを走らせ、相手のボディに突き刺すことができる。軸足となる前の足に重心を移す時の、前方への慣性をそのまま蹴りに乗せて、相手にぶつけていこう。

❷突き上げる上段ヒザ蹴り

**下から突き上げる上段ヒザ蹴りは、
腰の回転と軸足の伸びで威力を作る**

下から突き上げるヒザ蹴りは、①組手の構えから②腰を回すことでヒザを上に送り出し、③インパクトの瞬間、軸足のヒザの伸びと回転、さらなる腰の回転でヒザを突き上げる。ヒザを上げるとき、腹筋による股関節の引きつけも大切だが、この力だけに頼らないこと。

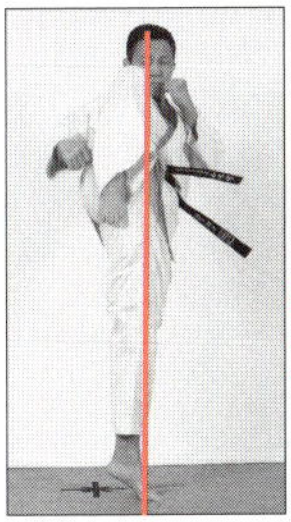

**軸足の上に立つように
重心を乗せて蹴る**

無駄なくまっすぐにヒザを上げるには、垂直の軸を意識することが大切だ。

**下突きなど、
相手の顔が下がった
ときに蹴る**

突き上げる上段ヒザ蹴りは、相手がボディ攻撃にくるなどして顔面が下がったときに有効だ。

Point

**高い位置を蹴るときは、
しっかりと軸足を回そう**

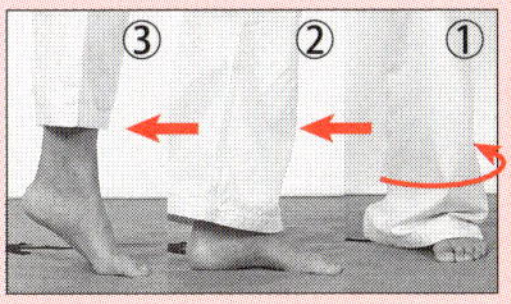

蹴り技は、軸足を回すことで腰の回転が促進され、威力と切れ、伸びが備わってくる。

❸サイドから回す上段ヒザ蹴り

**腰の回転でヒザを回し
横からアゴを蹴り抜く**

サイドから回す上段ヒザ蹴りは、①組手の構えから②軸足となる前の足に重心を移し、腰→上半身を回しながらヒザを送り出す。③インパクト付近で腰と軸足をさらに回すことで、インパクトの角度と威力を作る。

Point

肩の外側から斜めにアゴを蹴る

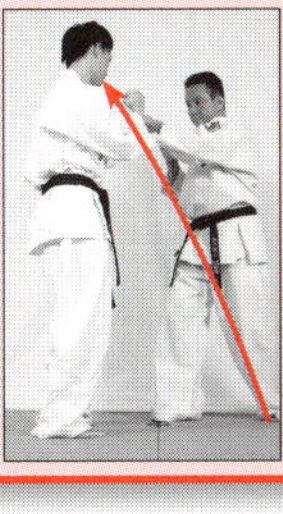

ヒザを外から大きく回して相手のアゴを蹴ろうとすると、蹴りの軌道も長くなるし、高い柔軟性が必要になる。蹴りの軌道は、蹴り足を置いた床から相手のアゴを結んだ直線距離が理想。アゴを横から蹴る必要がある場合、インパクト付近で腰と軸足をさらに回して、横方向の力を作ろう。

**親指の付け根に
乗ることが大切**

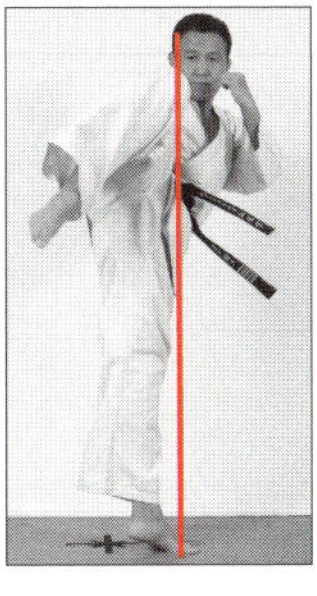

回して蹴る上段ヒザ蹴りは、しっかりと軸を作ることが大切だ。伸び上がって蹴る必要があるときは、軸足の親指の付け根の上にしっかりと立とう。

相手の攻撃を捌いて、ヒザ蹴りで倒す

DVD 第9章 Part.3

近距離でもウエイトを乗せて蹴ることができるヒザ蹴りは、接近戦で絶対的な武器になる。相手の技を捌いて、間合いを詰め、ヒザ蹴りにつなげれば、勝負の流れを握ることはもちろん、相手を倒すこともできるだろう。ここではヒザ蹴りの有効なコンビネーションを紹介しよう。

相手の突きの連打を捌いて、中段ヒザ蹴りで倒す

相手の左右の突きを捌きながら、右中段ヒザ蹴りにつなげるのがこのコンビネーションだ。組手の構えから、相手の左順突きを内受けで受け、右下突きを下段払いで外側に払う。これによって相手のボディが正面を向いて開くので、右中段ヒザ蹴りを入れる。

さらに上段ヒザ蹴りへとつなげる場合は、体を捻転させてパワーを溜めることが大切

中段ヒザ蹴りがヒットして、相手の顔が前に出たら、上段ヒザ蹴りでアゴを蹴り上げよう。中段ヒザ蹴りを蹴った後、上段ヒザ蹴りには遠いと感じたら、前へ踏み出して軸足の位置を調整しよう。

カウンターのヒザ蹴りを蹴る

相手の突き手と同じ側なら、外から回して蹴る

相手の突きと同じ側の蹴り足でカウンターを取るなら、外から回して蹴る上段ヒザ蹴りが有効だ。相手の突きを外受けで受ける際、少し左サイドにステップして軸足の位置を左に送っておくと、相手の肩にぶつからず、蹴りやすい。

相手の突きと反対側のヒザ蹴りであれば、正面から蹴る

相手の突きに対して反対側の蹴り足でカウンターを取るなら、構えの手と突きの手の間を潜らせるように、まっすぐ正面から蹴る。突きを伸ばすために相手の顔が下がっていれば、上段ヒザ蹴り、間合いがやや遠ければ、ボディに中段ヒザ蹴りだ。

第9章 Knee Kick

“第3の突き”といわれるヒザ蹴りを完全マスターする

相手の左前蹴りを捌いて、左中段ヒザ蹴りで倒す

蹴りを捌いてからのコンビネーションは、相手の上体の向きをコントロールしやすいので、ヒザ蹴りを決めやすい。組手の構えから、相手の左前蹴りを下段払いで捌いて、相手の体の向きを左に大きく変えて崩す。相手の体の面に合わせて中段ヒザ蹴りだ。

相手の右中段回し蹴りを捌いて、左中段ヒザ蹴りで倒す

相手の右中段回し蹴りを両腕でブロック。捌かずに相手が蹴り足を引くタイミングで、伸びたボディに中段ヒザ蹴りを蹴る。間合いを合わせるために、左右の足をスイッチしながら、ステップインして蹴ってもよい。

捌くことで、相手のボディの向きをコントロールする

相手の攻撃を捌くということは、相手の体の向きをコントロールすることでもある。ディフェンス上手が攻撃上手につながると知っておこう。

ヒザ受けした足で踏み込んで右中段ヒザ蹴りにつなげる

まずは蹴り足を引いた相手のボディの面を見極めよう。ヒザを、相手のボディへ直角に当てられる位置に軸足を置くことが大切。踏み込むときの前進する力を、蹴りの威力につなげること。

相手の右下段回し蹴りをヒザ受けして、右ヒザ蹴りで倒す

組手の構えから、相手の右下段蹴りをヒザ受けでブロックする。この受けの足を下ろしたところがヒザ蹴りの軸になるので、最適なポジションに下ろそう。

左鉤突きから右上段ヒザ蹴りへとつなげる

相手の下段蹴りをスネ受けでカットして、左鉤突きから右上段ヒザ蹴りへとつなげるコンビネーションがこれだ。スネ受けの足を下ろしたら、相手サイドに踏み込んで鉤突きを放つ。相手のガードの意識を中段に引きつけておいて、上段ヒザ蹴りを蹴る。相手サイドへ踏み出す前の足は、上段ヒザ蹴りの軸足になるのでポジションに注意しよう。

接近戦で最もオーソドックスな技である下段回し蹴りを受けて、ヒザ蹴りへとつなげる流れは、いわば倒しの方程式だ。相手の体勢に応じて、瞬時に蹴り分けられるよう、中段、上段のコンビネーションを練習しておこう。

3種類のヒザ蹴りをどう受けるか？どう反撃するか？

DVD 第9章 Part.4/5

〝第3の突き〟といわれるヒザ蹴りは、今や、空手の大会では接近戦の主軸になっている技だ。いい換えれば、相手のヒザ蹴りを確実に受けて、自分の攻撃に繋げることができれば、接近戦でイニシアティブを握ることは十分できる。ここでは、相手のヒザ蹴りを受けてから、攻撃で倒すまでの有効なコンビネーションをいくつか紹介しよう。

中段ヒザ蹴りは、体の回転を使って反撃につなげる

ボディを狙ってくる左中段ヒザ蹴りには、順突きでカウンターを取って相手を崩す方法と、右外受けで蹴りの方向を変える２つの方法がある。反撃する際に大切なのは、カウンターや受けでできた腰の回転を次の攻撃のタメとして生かすようにコンビネーションを組立てていくこと。ここに２つの例を紹介しよう。

胸への順突きで相手の中段ヒザ蹴りを止めて反撃する

相手が左中段ヒザ蹴りを蹴り始めたら、左の順突きで胸をついてバランスを奪い、ヒザ蹴りをストップさせる。このとき右手で外受けの準備もしておくこと。順突きでできた左への腰の回転を逆回転させながら、右下段回し蹴りを蹴り、さらに腰の回転を使いながら、左の直突き、右下段回し蹴りと連打する。

外受けでヒザ蹴りを捌いて、相手の上体の面を変えて、突きと下段蹴りで反撃する

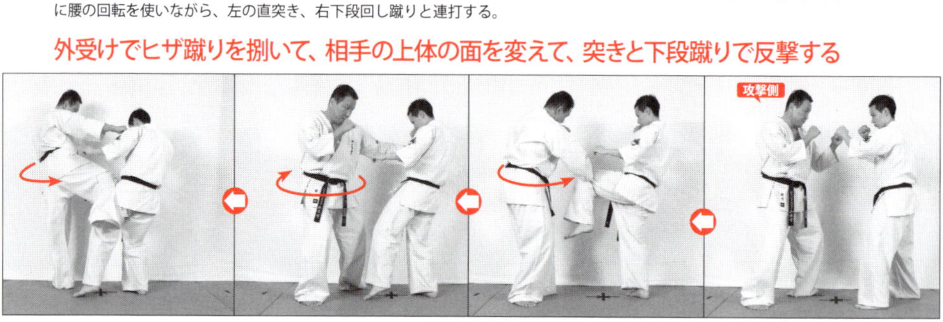

相手の中段ヒザ蹴りを右外受けで捌き、体の面を左に向けさせ、その相手の体の面に合わせるように左の順突きを突き、続いて右下段回し蹴りを蹴る。最初の外受けでできた腰の回転をタメとして、順突き、下段回し蹴りへとつなげていくことが、威力ある攻撃とスムーズな動きのポイントとなる。

突き上げてくる上段ヒザ蹴りをスウェーバックでかわして、反撃する

突き上げてくる上段ヒザ蹴りは、力の方向が上に向いているため前方向には伸びてこない。顔面をカバーしながら、上体を後ろに反らすスウェーバックでかわそう。受け返しでは、スウェーバックで上体を後ろに反らした状態をどう反撃につなげるかがポイント。ここでは、突きにつなげる連続技と、ヒザ蹴りをかわしながら下段蹴りで相手の軸足を刈る連続技を紹介しよう。

相手の上段ヒザ蹴りをスウェーバックでかわし、その反動を突きの威力に変える

組手の構えから、相手の右上段ヒザ蹴りをスウェーバックでかわして、上体を戻す反動で、相手のボディに右中段逆突きを入れる。突き手を引く右への回転の動きを利用して、左中段回し蹴りを蹴ろう。

相手の上段ヒザ蹴りをスウェーバックしながらサイドステップしてかわし、足を刈る

組手の構えから、相手の右上段ヒザ蹴りを、上体を反らしてスウェーバックでかわし、相手の軸足と自分の軸足がそろう位置まで右足をステップ。下段蹴りで相手の軸足を蹴り転倒させる。接近戦で勝負が膠着したときや、試合の流れを変えたいときなどに有効だ。

“掛けあり”の上段ヒザ蹴りは、上体を反らして相手を突き放す

“掛けあり”の上段ヒザ蹴りの場合、捕まりそうになったら、上体を反らしながら頭を上げ、相手を突き放すのが鉄則だ。

上段ヒザ回し蹴りは、サイドに回り込んでインパクトポイントを外す

横から回して蹴ってくるヒザ蹴りは、サイドステップでやや斜め前に踏み込みながらかわそう。このとき、蹴りに対するガードを忘れずに。

相手の動きを止めて、ヒザ蹴りで仕留める

　組手では、相手の攻撃を捌いていると後手に回る局面がある。一気に勝負をかけて勝ちを手にしたい。そんなときは、攻撃で相手を崩し、威力のあるヒザ蹴りで圧倒するのが一番だ。相手の攻勢を止めるためには、下段回し蹴りで相手を崩す、中段前蹴りや回し蹴りで前進を止めるのがいい。そこから、ヒザ蹴りで一気に仕留めにいこう。

相手の前進を止めたり、バランスを奪うことができれば、ヒザ蹴りは思いのままだ

試合では"ラスト30"のラッシュなど、相手が一気に攻勢を掛けてくるときがある。崩す、止める、ことで自分の攻撃のチャンスを作ろう。

前蹴りで相手の振り打ちを止める

相手が振り打ちでパワーファイトにきたら、左中段前蹴りで前に出てくる勢いを止めてしまおう。再び前に出てくるところでカウンターを狙う。

内股への下段蹴りで相手のバランスを奪う

相手が接近戦で突きのラッシュにきたら、前の足や奥の足の内股への左下段蹴りで相手のバランスを奪い、連打をストップしよう。払うように蹴るといい。

中段回し蹴りで相手の前進を止める

相手が勢いよく前に出てきて、前蹴りでは距離が近い場合は、ヒザを内側に入れ、スネを相手のボディ前面にぶつける左中段回し蹴りで相手の前進を止めよう。

相手の動きが止まったら、左右の足をスイッチするなどして間合を合わせ、ウエイトの乗った左中段ヒザ蹴りを相手に叩きつけよう。

相手をさらに崩して、第2打、3打のヒザ蹴りで圧倒する！

第１打のヒザ蹴りをヒットさせたら、胸を突いて上体を起こしてバランスを後ろに傾けさせよう。上体が後傾すると、相手は前に出てこられない。

相手のバランスが後傾すれば、伸びたボディに中段ヒザ蹴りを放つ。２打、３打と蹴り続けてもいい。

相手のガードの意識をコントロールすることも大切だ

下段蹴りで相手のバランスを奪うと、相手は前に出ようという気持ちから中心への意識が高まり、左右方向へのガードの意識が甘くなるので、回す上段ヒザ蹴りが有効だ。

離れた間合いから相手が中段回し蹴りを蹴ってきたときは、2つのとらえ方がある

相手が中間距離から仕掛けてくるとき、よく使われるのが左の中段回し蹴りだ。相手の中段回し蹴りの制し方は大きく分けて2つ。間合いを潰して中に入るか、蹴りをすかして中に入るかだ。中間距離から接近戦へ。重心が後傾し後手に回る相手を一気に攻めよう。

左中段回し蹴りに合わせてステップインし、左中段ヒザ蹴りで倒す

組手の構えから、相手の左中段回し蹴りに合わせて、ブロックしながらステップイン。相手の重心が後傾しているところに、右の突きで胸を突き、さらに後傾させる。前に出ることができない相手の、伸びたボディに垂直に当るように左中段ヒザ蹴りを入れる。

中段回し蹴りをすかし、間合いを詰めて左中段ヒザ蹴りで倒す

組手の構えから、相手の左中段回し蹴りを、構えの前足を引いてギリギリにすかして、すぐに相手の懐に入る。胸への順突きで相手の重心を後傾させて前への力を奪い、右下突きで動きを止める。“く”の字になったボディに左中段ヒザ蹴りだ。

離れた間合いから、いきないりヒザ蹴りにいくと、相手のカウンターをもらうことも…

右の写真は、跳び込んでヒザ蹴りにきた相手に、蹴りを外しながら間合いを詰め、肩を突いてバランスを奪っているシーンだ。遠い間合いからのいきなりのヒザ蹴りはカウンターをもらう恐れがある。

打たせ稽古をすると、本当に打たれ強くなるのか？

直接打撃制の空手とは、切っても切り離せないのが、打たれ強さです。かなりの実力差がない限り、試合中に相手の攻撃を多少なりとももらうことは当たり前で、打たれ弱いと、ガードの意識を奪われたり、反応が遅れたりして、さらなる相手の攻撃を許す原因にもなります。

そうした問題が起こらないように行うのが、打たせ稽古です。これは俗称ですが、呼び名のとおり、仲間にボディを突いてもらったり、足を下段回し蹴りで蹴ってもらったりして、打たれ強さの強化を図ります。

ただ、ここで理解しておきたいのは、打たせ稽古をしたからといって、突かれても蹴られても効かない体になるわけではありません。確かに、稽古を始めた頃に体にできていたアザが、１年後にはできにくくなるので、体の順応が行われるのでしょうが、それも程度問題。練習の目的はやはり、相手の攻撃に対する慣れです。たとえば、相手の突きに合わせて息を吐いて腹筋を引き締めたり、また太腿の角度を相手の下段蹴りの角度から外して威力を和らげたり、さらには攻撃を受けたときに体が驚かないように衝撃を覚え込ませておくというのが主な目的です。

稽古の進め方も、車の暖機運転と同じで、コツコツと当てることから始めて、次第に強く打ってもらうといいでしょう。ある程度の強さの攻撃がこなせるようになったら、わざとインパクトのタイミングを外してもらったり、連打のリズムに緩急をつけてもらったりすると、より効果も上がります。

絶対に避けたいのは、ケガです。相手を敬い、互いに成長していこうという意識を共有できるパートナーと稽古を行いましょう。

第10章 Counter Attack

カウンター攻撃は、
もう天才ファイターだけのものではない。
相手の攻撃のパワーが、自分の攻撃力になる
“受け返し”のテクニックを身につけよう

カウンター＆カウンター効果のある攻撃

相手の順突きに対するカウンター

DVD
第10章
Part.1

相手の順突きと入れ替わるようにサイドに入って、鉤突きを突く

カウンターは天才だけの技、というイメージが強いが、練習次第で誰でも使えるようになる。まずは基本となる、相手の順突きに鉤突きを合わせるカウンターを3つのステップでマスターしていこう。カウンターとしての完成形は、オーソドックスの相手が左順突きを打ってきたら、右足で相手のサイドにステップインして突きをかわし、鉤突きを脇腹に入れる。ここではタイミングと体の使い方が大切だ。

完成形

逆サイドから体の使い方を見てみよう

突きの威力を作るためには、相手のサイドにステップインすると同時に、上体を右に回転させてタメを作る。踏み込んだ右足にしっかりと重心を移したら、上体を左に回転させて鉤突きを突こう。余裕をもって相手の突きをかわせることが第一条件だ。

相手の攻撃を流しながら突くことが大切だ

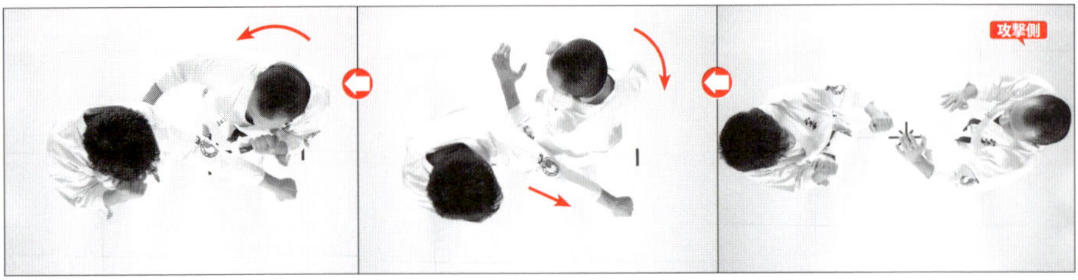

構えからインパクトまでの動きを、上から見てみよう。相手の突きに触れないのが理想だが、安全のため、相手の突きを外受けで滑らせるようにかわしながら、サイドにステップインしよう。このとき、上体を右に回転させてタメを作る。踏み込んだ右足に重心が移ったら、タメを解くように上体を左に回転させて鉤突きだ。

カウンターをステップ バイ ステップでマスターしよう!

Step1 相手の攻撃と同時に、サイドに回り込んで攻撃する感覚を身に付ける

相手の攻撃を捌きならステップインして、前に出る力を攻撃力に換える動きを体験しよう。組手の構えから、相手の左順突きを右の外受けで受け流しながら、右サイドにステップイン。外受けでできた体の回転を反転させて左の振り打ちを突こう。

Step2 相手のサイドに回り込みながら、体の回転を作って鉤突きを突く感覚を身に付ける

決めの技を右の鉤突きにして、カウンターの完成形に近い動きで感覚を磨いていこう。組手の構えから、相手の順突きを右の外受けで流しながらサイドにステップイン。踏み出した右足に重心を乗せたら、腰を右に回転させてタメを作り、それを解くように右の鉤突きを突こう。ここでは、最適なサイドステップの位置と、一連の体の使い方をマスターすることが大切だ。

Point

相手のサイドに入ると同時に、体をひねりパワーを溜める

体の使い方を裏面から見てみよう。相手の順突きを右外受けで流しながらステップイン。前足に重心を移して、右に上体を回転させてタメを作る。

Point

相手サイドに入るときに、突きを軽く受け流す、ぐらいの意識が上達のポイント

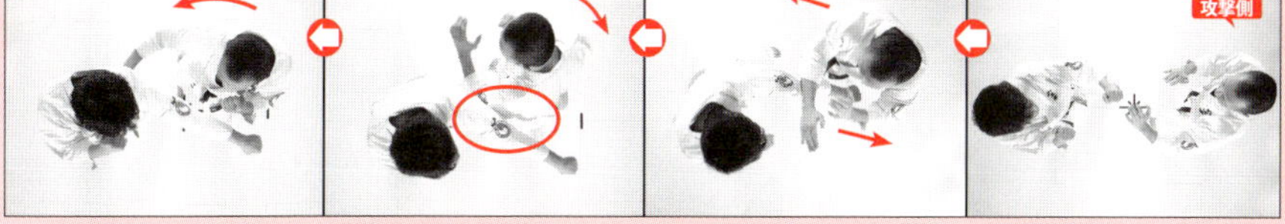

ステップ2の一連の動きを上から見てみよう。相手の順突きを右外受けで流しながらステップイン（写真はその途中）で、すでに相手のサイドに大きく入っている。上体を右に回転させてタメを作っている時点では、相手の突き手のヒジと肩がほぼ同じ位置だ。鉤突きは前足に軸を置いて、腰の回転で打っている。

相手の逆突きに対するカウンター

DVD
第10章
Part.1

相手の逆突きをステップでかわして逆突きを突く

カウンターは、タイミングの技であると同時に、〝流れ〟の技である。すべての動きが流れるようにつながって、インパクトのタイミングを作り、技の威力が何倍にも増すのだ。相手の逆突きとすれ違うようにステップインして鉤突きを突くこのカウンターはまさに、その象徴といえよう。ここに紹介する３つのステップでマスターしよう。

完成形

組手の構えから、相手の逆突きと同時に、左斜め前にステップイン。
その前に出る力と、腰の回転で相手の脇腹に鉤突きを突く。

相手の突きを捌きながら、左斜め前にステップインする

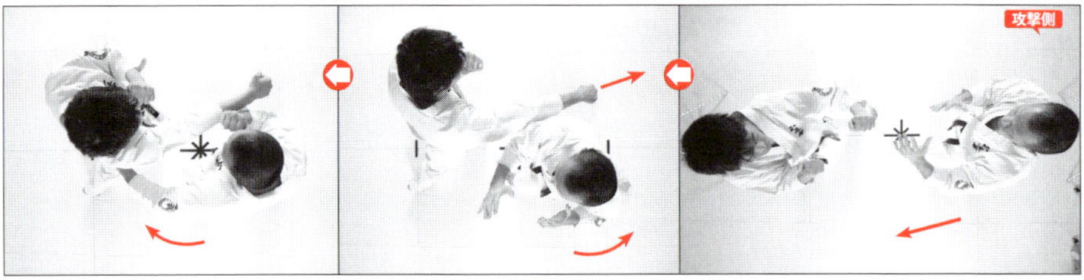

相手の逆突きに対するカウンターを上から見てみよう。組手の構えから、相手の逆突きに合わせて斜め前にステップインしてかわす。このとき、相手の突き手には触れないことが前提だが、左の外受けでいつでも受け流せるようにしておこう。ステップ後、前足に重心を乗せて、上体を左に回転させてタメを作り、それを解くようにして鉤突きを突く。

狙うのは、突きで伸びた脇腹

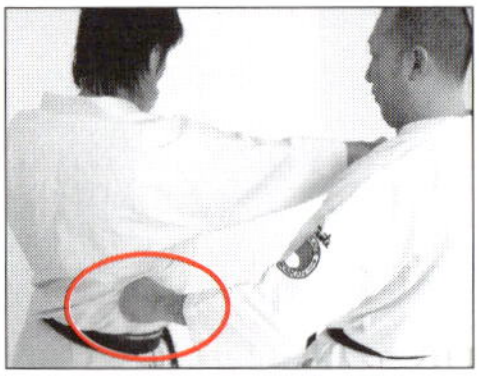

狙う箇所は、逆突きを突くために伸びた相手の脇腹だ。筋肉の薄い側面の後ろを突く。

相手の攻撃を流しながら突くことが大切

相手の突きは、踏み込みながら上体を斜めにしてかわす。相手の反撃が万が一でもあるといけないでの、顔面ガードは忘れないようにしよう。

捌きの練習で、カウンターのタイミングをつかもう!

Step1 右逆突きを捌きながら、左45°前にステップインして右下突きを突く

相手の右逆突きを左外受けで受け流しながら、斜め前にステップイン。前に出る慣性と腰の回転で右下突きを相手のボディに突く。

突きに合わせて、相手のサイドに踏み込むタイミングをつかむ

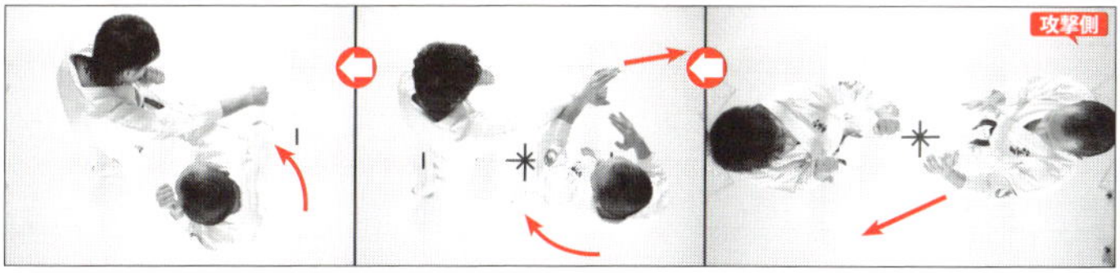

逆突きに対する受け返しの一連の流れを、上から見てみよう。相手の逆突きを左外受けで受け流しながら斜め前に出て、突きへのタメを作っている。このとき、重心は踏み出した左足。右下突きは体の回転で突く。

Step2 逆突きを捌きながらステップインして鉤突きを突く

ステップ2は、相手の脇腹への鉤突きをフィニッシュにする。ここでは左の外受けで相手の逆突きを受け流したあと、上体を左に回転させ、鉤突きへのタメを作る一挙動が増えるが、この体の使い方と流れをスムーズに行うことが大切だ。組手の構えから、相手の逆突きを、斜め前に踏み出しながら左外受けで受け流す。上体を左に回転させてタメを作り、それを解くように左の鉤突きを、相手の脇腹に突く。

Point

相手の側面に踏み込んで、上半身の回転で突く感覚をつかむ

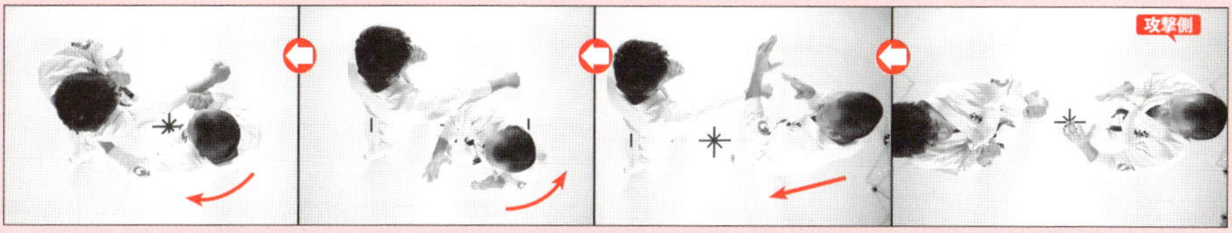

ステップ2のポジションと体の回転の動きを上から見てみよう。逆突きに対する左外受けは、斜め前に踏み出すきっかけでもある。相手のサイドにポジションを移したら、前の足に体重を乗せて、左に身体を回転させ、脇腹を鉤突きで突く。この左→右の回転で下半身をぶらさないことが大切だ。

前蹴りに対するカウンター

DVD 第10章 Part.2

前蹴りをサイドステップですかし、相手のサイドから突きのカウンターで倒す！

蹴り技は、技の始動も大きく、間合いも突きに比べて遠いので、カウンターのタイミングを取りやすい。大切なのはポジションを変えるときに、体勢を崩さないこと。組手の構えから、相手の左前蹴りを右足から斜め前に踏み出すことでかわし、勢いをそのままに、左下突きでボディ、また左鉤突きで胸を突こう。

左前蹴りへのカウンター

横から動きを見てみよう

左前蹴りに対するカウンターを横から見てみよう。組手の構えから、相手の蹴りと同時に右足で大きく相手サイドに踏み込む。蹴りに対する外受けの受けの手はしっかり出しておこう。また、踏み込むときにバランスを崩さないことが大切だ。ステップインと同時に右に上体を回転させ、それを解くように左下突きを相手のボディに入れる。

しっかりと相手サイドに入らないと、反撃を受ける

踏み込むときに、相手サイドにしっかり入らないと、蹴ってきた相手から第2打の攻撃をもらうことがある。背後に入ることを意識しよう。

Point

外受けで前蹴りを捌き、サイドステップして突く

練習方法としては、相手の左前蹴りを右の外受けで捌き、その勢いでサイドステップして相手の背面に回ることから始めよう。踏み出した右足に重心が乗ると同時に、外受けで右に回転していた上半身を戻すように左鉤突きで相手のボディを突く。ステップインするときの前へ出る力と、フィニッシュの突きへのパワーの流れが一体化してくれば、カウンター攻撃により近づく。

相手の左前蹴りを右下段払いで捌きながら、重心移動で突きを放つ

必ず、前腕の筋肉で捌くこと

蹴りを捌くときは、必ず前腕の筋肉の付いている柔らかな部分で受けよう。骨の部分、特に小指側の前腕の骨は、蹴りを受けたときに骨折しやすいので注意が必要だ。

サイドに入るばかりがカウンターではない。相手の蹴りを捌きながらまっすぐ前に入り、その力を鉤突きに変えることもできる。組手の構えから、相手の左中段前蹴りを右下段払いで外方向に捌きながら前にステップイン。前に出る力を生かして、相手のボディに左の鉤突きを放つ。蹴り足を外に捌くことで、相手のボディを正面に向けることができることを知っておこう。

右前蹴りへのカウンター

前蹴りを外受けで流して、突きを放つ

相手の右前蹴りに対しても、左と同様のプロセスでカウンターを取ることができる。組手の構えから、相手の右中段前蹴りを左外受けで右へと受け流し、それと同時にステップイン。前に出る力を生かしながら、右の鉤突きを相手のボディに入れよう。蹴り足を捌くことで、相手のボディを側面に向けることが大切だ。

ポイントは、右足のステップインと腰の回転を突きの威力に変えることだ

突きにいく時の、足の運びに注して見てみよう。相手の右前蹴りを左外受けで受ける際、懐を深くするために左足を引き、蹴りを右方向に捌いた瞬間、もとに戻す。そして、右足を踏み出してステップイン。捌いた時に右方向に回転させた上体を左に戻しながら、鉤突きを相手のボディに突く。

下段回し蹴りに対するカウンター

DVD 第10章 Part.3

相手の右下段回し蹴りを筋肉ブロックしながら、右中段突きを合わせる

右下段回し蹴りに対するカウンターは、左足でステップインし、相手の蹴りの間合いを潰してインパクト力を半減させ、大腿筋で蹴りを受け止めることがベースになる。蹴った瞬間は、相手の腹筋も緊張しているが、蹴りを引くときはすでに緩んでいるので、このやや遅れたタイミングを狙って、ボディに右の逆突きを突くといい。

前の足への下段回し蹴りに対するカウンター

筋肉ブロックは、ヒザを外に向けるように踏み出して、蹴りの間合いを潰す

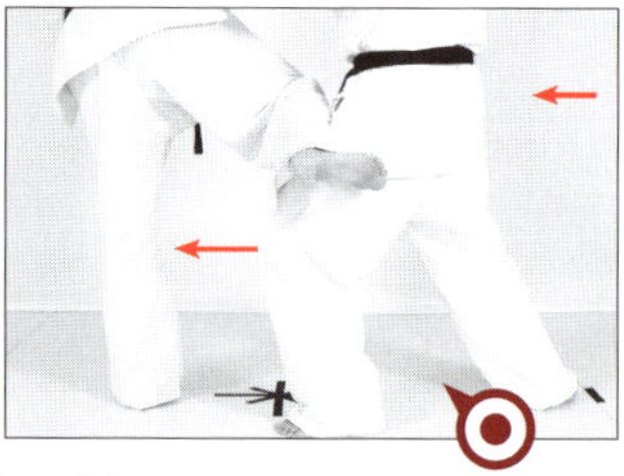

下段回し蹴りの筋肉ブロックは、相手の蹴りの威力を限りなく減らすために、正確に行う必要がある。まず、蹴りの間合い＝インパクトポイントを外すために、狙われている足で斜め前に踏み出す。受けるのは筋肉がもっとも厚い太腿正面。床に重心をかけて踏ん張りながら、腰ごと蹴りに合わせていく。前に出るのが足らなかったり、ヒザの向きが蹴りの方向に合わなかったりすると、蹴りが効いてしまうので注意が必要だ。

Point 相手の下段回し蹴りに合わせて、前に出ながらスネ受けし、中段突きを突く

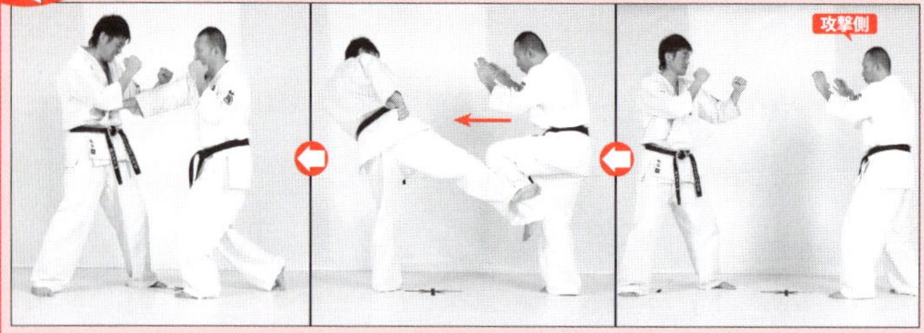

カウンターのタイミングと、間合いを潰すステップインの感覚を磨くには、相手の右下段回し蹴りを前に出ながらヒザ受けし、受け足を下ろすと同時に右中段逆突きを突いてみよう。相手の蹴りの威力にバランスを奪われないように、ヒザをしっかりと外に向けることが大切だ。

後ろの足への下段回し蹴りに対するカウンター

後ろの足への左下段蹴りは、騎馬立ちの“筋肉ブロック”から下突きを放つ

後ろの足への筋肉ブロックは、騎馬立ちによって行う。相手が後ろの足を狙って下段蹴りを蹴ってきたら、腰を落として騎馬立ちになり、蹴りを筋肉ブロック。立ち上がるバネで、相手のボディに左下突きを突く。

騎馬立ちから立ち上がる際の体の回転で突く

下突きの威力は、騎馬立ちから立ち上がる下半身のバネと、腰の回転で作り出す。足幅が広過ぎると、タイミングよく立ち上がれないので、肩幅の1.5倍ぐらいがよい。

騎馬立ちで、相手の蹴りを滑らせる

騎馬立ちの角度だが、ヒザを蹴りに向かうように出すことが大切。また、しっかりと腰が落ちていれば、蹴りは太腿に垂直に当たることなく滑って、インパクトも半減させられる。

内股への下段回し蹴りに対するカウンター

内股への下段蹴りは、相手の蹴りの足首をヒザで潰す

内股への下段蹴りのカウンターは、相手の蹴りの足首に対して、ヒザを内側に入れて当てて蹴り足にダメージを与え、相手が蹴りを引こうとしたときに、ボディを突いて倒そう。

相手の蹴りの足首をヒザで受ける

内股下段回し蹴りへのヒザ受けは、相手の蹴り足の足首にヒザを合わせていく。ヒザをしっかりと内側に向けず受けると、蹴りの威力に負けてダメージを負ったり、バランスを奪われたりすることがある。

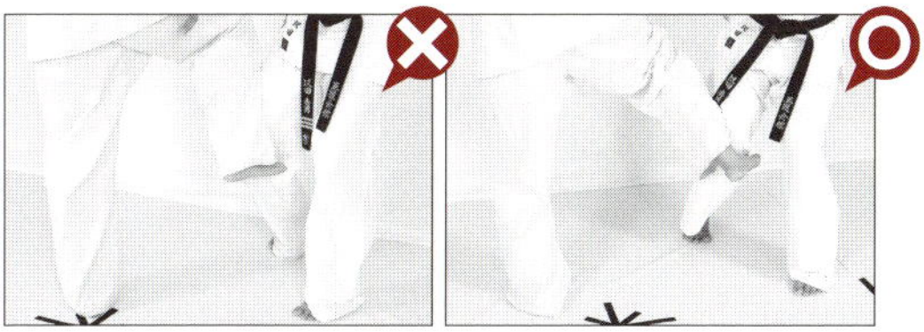

中段回し蹴りに対するカウンター

DVD 第10章 Part.5

回し蹴りには、三日月蹴りでカウンターを取る

中段回し蹴りに対するカウンターには、回し蹴りよりも蹴りの軌道が短く到達スピードの速い三日月蹴りが効果的だ。相手の上体は、左中段回し蹴りを蹴ることで右に向くので、この面に垂直に当てるように蹴るのがポイント。①組手の構えから、②相手が左中段回し蹴りをスタートさせたら、上体の向きを見極めて、③左の三日月蹴りを相手のボディに蹴ろう。

間合が近い場合は下段前蹴りでカウンターを取る

間合いが近いときは、相手の軸足を下段前蹴りで蹴ろう。ヒザ上の筋肉の間を中足で、点を突くように蹴ると、一発で効いてしまう危険な技でもある。

Point

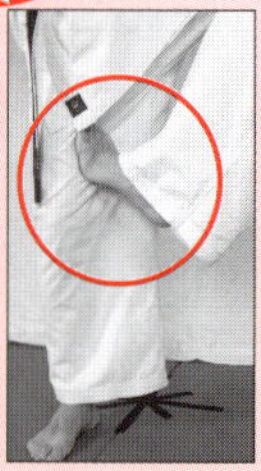

中足で、円柱状の軸足を蹴るには、蹴りの精度が必要になってくる。正しいポイントを蹴れれば、中足を置くだけも痛いはず。

相手の左中段回し蹴りに合わせて、蹴りをガードし、腰を回しながら下段前蹴りで相手の軸足のヒザ上を蹴る。軸足の芯をとらえれば、一発で効くはずだ。

Point

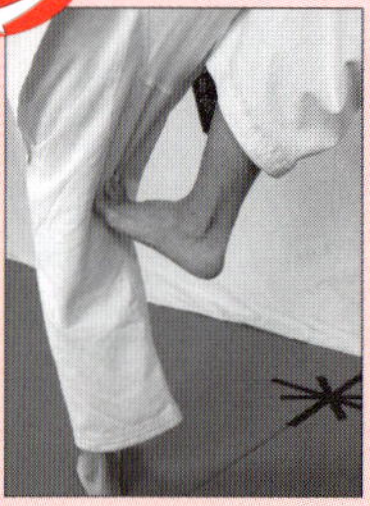

中足で軸足のヒザ上を蹴る。ヒザを蹴ると、関節蹴りで反則になるので、正確に蹴れるようにしておこう。

相手の右中段回し蹴りには、左の下段前蹴りを軸足に合わせる

組手の構えから、相手が右中段回し蹴りの始動を始めたら、左足で相手の軸足のヒザ上を、中足で蹴ろう。間合いが遠ければ、軸足となる右足を前に送ってから、蹴るといい。

相手のサイドにステップして軸足を蹴る

右中段回し蹴りに対して、右下段蹴りで相手の軸足を蹴る

カウンターではないが、相手の中段回し蹴りに対しては、軸足を下段回し蹴りで蹴る受け返しの技も有効だ。組手の構えから、相手の右中段回し蹴りをブロックしながら、右足から斜め前にステップイン。右下段回し蹴りで、相手の軸足を蹴る。

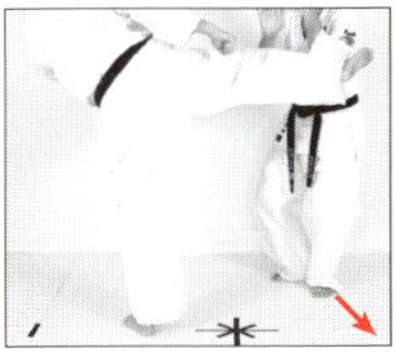

ステップしたときのツマ先の向きが重要!

ステップする際は、軸足となる左足のツマ先が外を向いていることが大切だ。前を向いていると、下段回し蹴りの回転が制御されて、十分な威力が作れない。

サイドステップで、相手の中段回し蹴りのインパクトポイントを外す

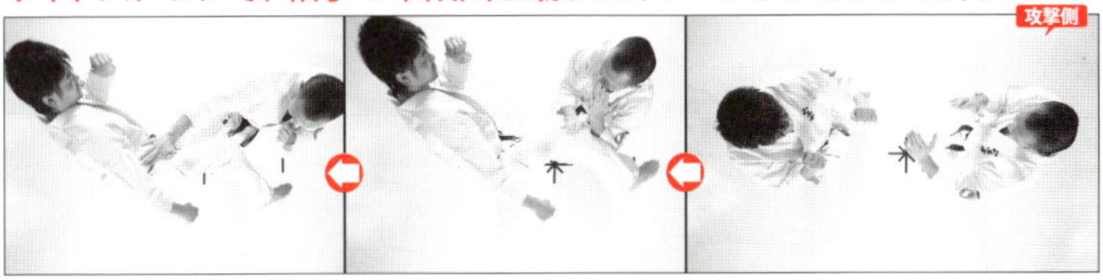

軸足への下段回し蹴りを、上から見てみよう。相手の右中段回し蹴りの始動と同時に、相手の側面にステップし、インパクトポイントを外してから、右下段回し蹴りを蹴っていることがわかる。相手の蹴りのインパクトポイントを外せば、自分が軸足を蹴りに行ったときも、相手の蹴りの威力に押されてバランスを崩すことはない。

左中段回し蹴りに対して、左下段蹴りで相手の軸足を蹴る

相手の左中段回し蹴りをブロックして、軸足を左下段回し蹴りで蹴る受け返し技は、組手の構えから、受け手を用意しながら、斜め左前にステップイン。インパクトポイントを外しながら腰を左に回転させてタメを作り、左下段回し蹴りで軸足を蹴る。

軸足となる右足のツマ先は外に向けておく

ステップ完了の時の右足のツマ先を外に向けておくと、腰の回転を促進させ、スムーズに蹴ることができる

サイドステップしながら、蹴りへのタメを作る

上から、ポジションの変化を見てみよう。組手の構えから、相手の蹴りと同時に左前にステップして、中段回し蹴りのインパクトポイントを外しているのがわかる。そこから上体を左に回転させてタメを作り、それを戻す回転で相手の軸足を蹴っている。

上段回し蹴りに対するカウンター

DVD 第10章 Part.6

相手の上段回し蹴りに、前蹴り／三日月蹴りを合わせる

回し蹴り系には、蹴りの軌跡の短い前蹴りでカウンターを取るのが鉄則だ。①相手が左上段回し蹴りを蹴ってきたら、②相手の上体の向きに合わせて前蹴りや三日月蹴りを合わせていこう。

右上段回し蹴りの場合も同じ！　スピードを第一に相手の蹴りに合わせていこう

相手の上段回し蹴りを受けてからではカウンターにはならない。威力も十分ではないし、こちらがバランスを崩されることもある。だから、先に当てることを優先させてスピード重視で蹴ろう。右上段回し蹴りへのカウンターの場合も、カウンターを取るプロセスは同じだ。

相手の上体の向きで、前蹴りか三日月蹴りかを判断する

蹴りの威力を十分に伝えるには、相手の上体の向きに蹴りを直角に当てることが大切だ。組手のなかで相手の動きを観察し、上段回し蹴りのときの上体の向きを見極めて、前蹴りで蹴るか、三日月蹴りで蹴るか判断しよう。狙うのは、みぞおちや脇腹だが、場合によっては、蹴り込んで転倒させてもいい。

相手の上段回し蹴りに、下段回し蹴りを合わせる

右下段回し蹴りで、左上段回し蹴りにくる相手の軸足を蹴る

上段回し蹴りへのカウンター技としては、軸足への下段回し蹴りも有効だ。相手が左上段回し蹴りを蹴ってきたら、左斜め前にステップしてインパクトポイントを外し、右下段回し蹴りで軸足を蹴ろう。

Point

相手の蹴りの軌道より深く動くことで、インパクトを確実に外すことが大切

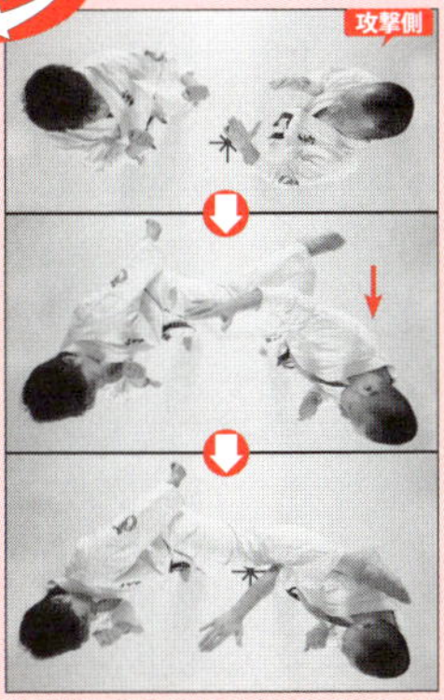

サイドに踏み込むことで、相手の蹴りの打点を外し、威力を殺すことができる。ただしガードの手はしっかりと上げておくこと。

斜め前方にステップインして、相手の蹴りのインパクトポイントを外す

相手の軸足を強く蹴るためには、斜め前にステップして、軸足の外側に立つ必要がある。後ろから見ると、組手の構えでは、互いの両足の位置はほとんど変わらないが、ステップ後は相手の軸足と蹴り足がほぼ直線上に並んでいるのがわかるだろう。踏み込み位置が、技の威力を作るのだ。

右上段回し蹴りに対する左下段回し蹴りのカウンター

右上段回し蹴りに対しても、カウンター攻撃の方法は同じだ。組手の構えから、右足で斜め前にステップ。軸足位置を決めるとともに、相手の蹴りのインパクトポイントを外し、左の下段回し蹴りで軸足を蹴る。

Point

相手のインパクトポイントを外しながら、深く、強く蹴る

右上段回し蹴りに対するカウンターで大切なのは、相手の蹴りを外し、確実に軸足を蹴ることができるポジション取りだ。相手の軸足と自分の蹴り足が直線上に並ぶ位置まで、斜め前にサイドステップしよう。

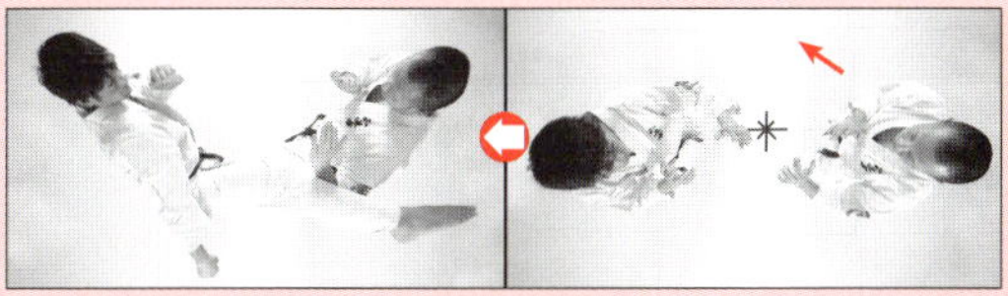

ヒザ蹴りに対するカウンター

DVD 第10章 Part.7

相手の右ヒザ蹴りに、右振り打ちを合わせる

ヒザ蹴りは今や、接近戦で主力の技だ。逆にいえば、相手のヒザ蹴りを制することができれば、勝利は近くなる。相手が右ヒザ蹴りを出そうと腰を回転させてきたら、左斜め前にステップイン。上体をしっかりと右に向けて相手のヒザをすかし、振り打ちを相手の胸に突こう。

右ヒザ蹴りへのカウンター攻撃

Point

サイドステップが甘いと、相手が大きく腰を回してヒザを伸ばしてきたとき、たとえ振り打ちを当てていても、ヒザ蹴りがヒットする恐れがある。

外受けで確実に流しながらサイドステップし、突く

右ヒザ蹴りへの、右振り打ちのカウンターの練習は、左外受けでヒザを流すことから始めよう。組手の構えから、相手が右ヒザを蹴ってきたら、左外受けで相手のヒザを右に流しながら、左斜め前にステップイン。カウンターと同じポジションに入り、右の振り打ちで相手を突く。次第に外受け受けから、ステップですかす比重を大きくしていこう。

右ヒザをすかせるようになったら、ステップインして鉤突きを突く

相手の右ヒザ蹴りを、ステップでかわせるようになったら、左の鉤突きで相手の脇腹を突こう。練習は、左外受けでヒザを流しながら斜め前にステップ。一度、腰を左に捻転させてタメを作り、それを解くように鉤突きを突く。

左ヒザ蹴りへのカウンター攻撃

相手の左ヒザをすかして左振り打ちを突く

左ヒザへのカウンターも、サイドステップで相手のヒザ蹴りをかわして、胸に振り打ちを突く。ステップは、右足で相手のサイドに大きく踏み出す。上体を半身にして、確実にヒザ蹴りをすかすことが大切だ。振り打ちは、半身を切った体を戻すように、腰の回転を使ってパワーを作りだそう。

ヒザ蹴りをかわせるようになったら、左の鉤突きを合わせる

サイドステップで相手のヒザ蹴りをかわす感覚をつかんだら、前に出る力と、上半身の回転を使って、相手の脇腹に鉤突きを打とう。相手のヒザ蹴りを引きつけて、インパクト間近のタイミングでかわすと、成功率が高いので、仲間といっしょに練習を重ねよう。

サイドステップしながら上体を回転させ、突きへのタメを作る

カウンターの右鉤突きは、右へのサイドステップで相手の左ヒザ蹴りをすかすと同時に、上体を右に回転させてタメを作り、突きの威力に変えていく。上体を右に回すタイミングは、ヒザ蹴りをすかしてからだ。

サイドに入るのが間に合わなければ、蹴りの内側に入ってかわす

相手のヒザ蹴りに対して、サイドに入るのが間に合わなければ、内側に入って、内受けや下段払いで蹴りを外に流し、順突きで相手の胸やボディを突こう。

COLUMN

勝つためには、相手の攻撃を〝外す〟〝合わせる〟は当たり前。だが、優勝するには〝真っ向勝負〟ができなければだめだ

本書では、相手の攻撃を受け流すテクニックや、相手の力を正面から受けずに戦うサイドステップを紹介してきました。

それでも、誤解を恐れずにいえば、受け流しやステップのテクニックは試合に勝つために必要ですが、名だたる強者を相手にして大会で優勝しようと思ったら、正面から相手と打ち合える真っ向勝負ができなければいけません。

トーナメントにはさまざまなタイプの強豪がひしめき合っています。パワーファイターが力に頼った組手をするとは限りません。上位に行けば行くほど、穴のない、なんでもできる選手ばかりというのが、今の空手界です。

であれば、そう簡単に相手の攻撃を受けることはできないでしょうし、サイドにポジションを取ることもできません。実力は互角。一進一退の試合のなかで真っ向勝負を挑まれたら、受けて、勝ち上がるしかないのです。

もちろん、真っ向勝負のなかでも、受け流しやポジション変更などのテクニックは使えますので、打ち合いの中、短時間で相手を崩して、自分の得意とするパターンに持ち込むこともできるでしょう。

どうすれば、真っ向勝負に強くなれるか？　これは攻撃や受けの確かさ、テクニックや体力など、すべてが必要になってきますので、日頃の稽古で自分の空手を磨いていくしか方法はありません。そして、必ず強豪としのぎを削り、打ち合う日が来るとイメージして練習することが大切なのです。

第11章

Attacking in Close Distance

互いがぶつかり合う接近戦こそ、
テクニックが勝敗を分ける

技で極める接近戦

接近戦での突き

DVD 第11章 Part.1

右下突き

接近戦で主力となる下突きの威力を上げるには、しっかりとした重心移動と、股関節に軸を置いた上体の回転で突くことが大切だ。右下突きの場合、組手の構えから、左足に重心を移し、左股関節を軸に、右足で床を蹴るようにしながら腰を左に回転させ、突きをまっすぐ出そう。

胸が開くと威力が出ない

腰や上体の回転だけで突こうとすると、左の肩が流れてしまい、身体が開いてしまう。左の構え手でしっかりと壁を作ると、突きの力が逃げず、強い突きが打てる。

右の下突きは、横隔膜を突く

右下突きの場合、相手がオーソドックスの構えだと、みぞおちを狙っても体の面が合わないので、左乳下あたりの横隔膜を狙おう。スタミナを奪うことができる。

右の下突きから右の鉤突きへのコンビネーション

組手の構えから、右下突きを相手の横隔膜に打ち、相手の動きが一瞬止まったら、右足をサイドに踏み出して、相手の脇腹へ右の鉤突きを打つ。サイドステップの時、右足に重心を移して股関節に軸を置こう。

左下突き

急所であるレバー（肝臓）を突くのが、左の下突きだ。組手の構えから左足に重心を移し、左股関節に軸を置いて、上体を左に回転させてタメを作る。それを解くように、上体を右に回転させながら突く。脇を空けず、体で突き手を送り出すことが大切だ。

間合いがないからこそ、上半身の回転で突く

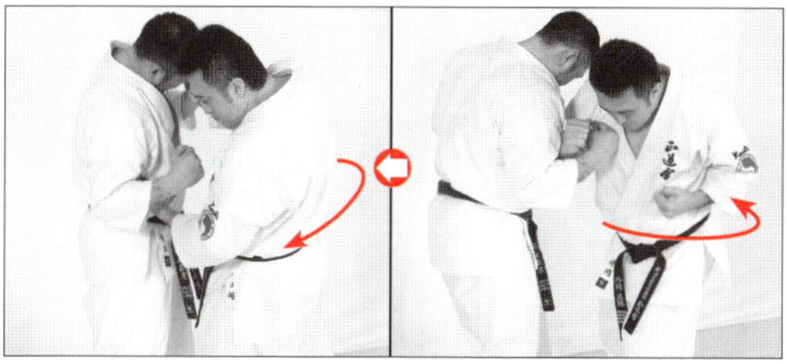

突きのストロークが取れない接近戦だからこそ、腰→上体をしっかりと回転させて威力を得よう。腕で突くより体で突いた方が何倍も威力があるのだから。

体を開くと、突きのパワーが逃げる

上体の回転に気を取られると、右の構え手が流れて体が開き、突きのパワーが逃げてしまうので注意しよう。

左振り打ち

右脚に重心を乗せ、右股関節を軸に突く

接近戦では、相手の胸を上から突く振り打ちも有効だ。左の振り打ちの場合、まず、右足に重心を移し、股関節に軸を置く。突き手の左ヒジを開いて拳を相手の胸に向けたら、上体の右への回転で真っ直ぐ振り下ろそう。腕の力や、体を前に浴びせて突くのでなく、体の回転で突くことが大切だ。

接近戦での下段回し蹴り

DVD
第11章
Part.2

前の足への下段蹴り

接近戦での下段回し蹴りは、相手の太腿の側面を回すようにして蹴ったのでは、ダメージを与えにくい。正面から、スネの内側をぶつけるようにして蹴っていこう。右下段回し蹴りの場合、組手の構えから左足に重心を移し、右股関節を畳むようにして腰を回転させて、ヒザを内側に送り、スネを前からぶつけていこう

Point

相手の大腿筋にスネの内側を当てる

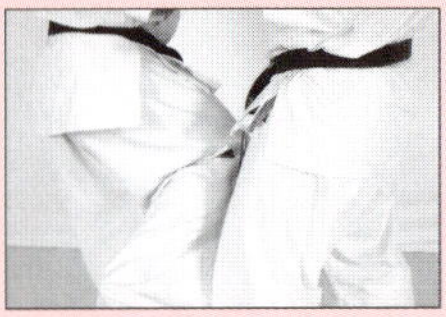

下段回し蹴りは、蹴り足のどこで蹴るかが大切だ。スネは骨の上に筋肉がついていない内側の部分が固いので、ここをぶつけていこう。

腰を切り、ヒザを内側に走らせて蹴ることで少ないスペースで威力ある下段回し蹴りが蹴れる

横から見てみると、組手の構えから、腰を回転させながらヒザを内側に送ることで、スネを正面からぶつけているのがわかるだろう。蹴りの威力は腰の回転力で作るのだ。

前の足の内股への下段蹴り

腰を切って、相手のヒザ内側を水平に蹴る

前の足の内股への下段回し蹴りは、右足に重心を移し、腰を回転させながら、ヒザ先のスナップを利かせて、相手のヒザの内側を払うように蹴る。

ヒザの内側を蹴って相手のバランスを奪い、効かす

内股下段回し蹴りは、効かせると同時に、相手のバランスを奪うことも大切だ。相手の重心が前に乗ったときに蹴ると効果が高い。

後ろの足への下段回し蹴り

突きの攻防で相手のガードの意識が低くなる後ろの足への下段回し蹴りは、軸足となる右足に重心を移して、蹴り足のヒザを抱え込んだら、腰の回転とともにヒザ先のスナップを使って、相手の太腿側面を蹴ろう。

足の甲で、相手の大腿筋の割れ目を蹴る

後ろの足への下段回し蹴りで狙う部分は、相手の太腿の側面にある筋肉の割れ目だ。足の甲の、親指側の突起した骨で蹴っていく。

後ろの足の内股への下段蹴り

相手のヒザ裏を、スネで蹴り上げる

後ろの足は、攻防中に相手が重心を乗せている比率が高い。スネの部分で蹴り上げてバランスを奪おう。

ヒザ先のスナップで縦に蹴る

後ろの足の内股への下段蹴りは、腰を回転させ、ヒザ先のスナップで、相手のヒザ裏を斜め縦に蹴り上げていく。相手が突きを突いてくるタイミングで蹴ると、カウンター技にもなる。

相手の下段蹴りをすかして反撃する

DVD 第11章 Part.3

接近戦で、ステップワークを使えば、相手の攻撃をもらわずに、反撃することができる。相手が右逆突きから左下段回し蹴りで攻撃してきた場合、突きを左外受けで流し、左にステップ。相手が蹴りの始動に入ったら、右足を引いて蹴りをすかして、相手のボディに左鉤突きを突く。

相手の下段回し蹴りをステップですかして、右中段突きを突く

相手の下段蹴りに合わせて、90°側面に回り込みながら突く

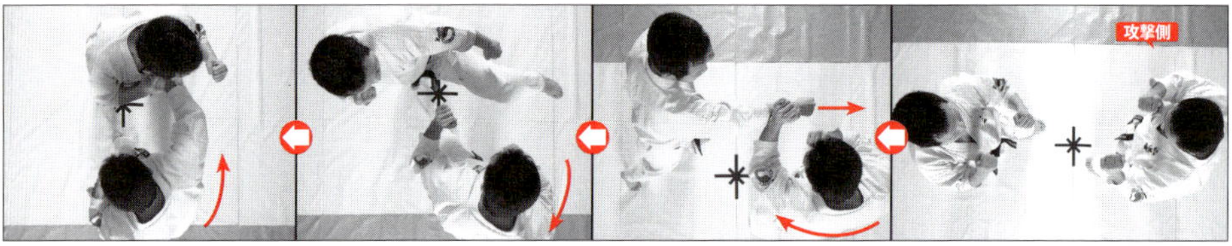

相手の突きと中段回し蹴りをかわすポジション変更を上から見てみよう。相手の突きを外受けで流しながら左足でサイドにステップ。中段蹴りを蹴ってきたら、90°の位置までステップする。蹴りで流れている相手の体正面に、直突きを突こう。

Point 踏み出した足を軸足にして回り込む

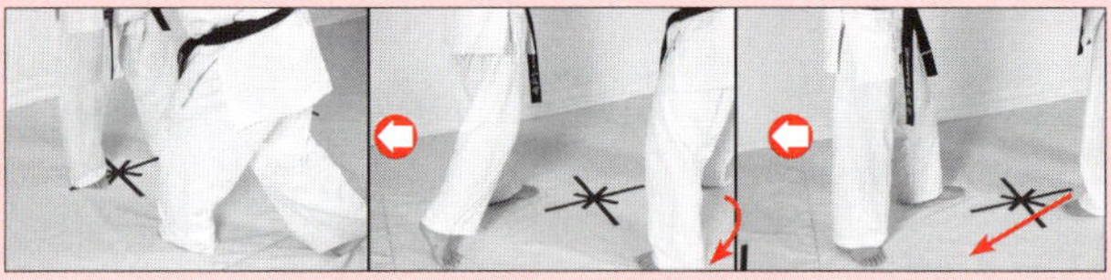

ステップの方法を見ていこう。左足を左斜め前にステップしたら、それを軸に右足を引きつける。この時点で、2ステップで相手の90°真横に入り込んでいる。回るときに、慣性に負けて軸をブラして体勢を崩さないことが大切だ。

相手の下段蹴りをステップですかして、右鉤突きを突く

相手の右下段回し蹴りもステップでかわすことができる。相手の下段蹴りの始動とともに、右足を斜め前に踏みだし、それを軸に左足を90°引きつけてターン。その回転の力で右の鉤突きを相手のボディに突く。足下が決まってから突くと威力が安定する。

相手の右下段蹴りをいなして右中段突きを突く

相手の下段回し蹴りをすかし、その際に生まれた腰の回転を突きのタメとして使えば、瞬時に反撃することができる。組手の構えから、相手の下段回し蹴りがきたら、前足のカカトを返しながら右方向に寄せてヒットポイントを外す。この動きで生まれた右への回転を解くように逆回転しながら相手のボディに直突きを入れよう。

Point 腰を切りヒザを曲げながら、下段蹴りのヒットポイントを外す

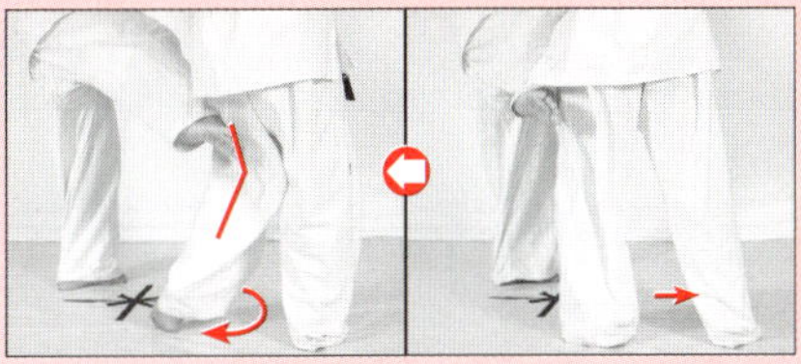

相手の右下段回し蹴りをいなす場合は、蹴りに合わせて、左足のカカトを返しながら右に寄せ、ヒザを曲げて打点を外す。このときカカトを浮かせるといい。

相手の右下段回し蹴りをすかして、右後ろ蹴りで反撃する

組手の構えから、相手の右下段回し蹴りをすかし、そのまま上体を回転させて振り返りながら、右後ろ蹴りを蹴る。大切なのはリズム。下段回し蹴りをすかしたら、流れるように後ろ蹴りにつなげていこう。

相手の右下段回し蹴りをすかし、ステップして左上段回し蹴りで倒す

組手の構えから、狙われている左足を右に引き寄せて相手の右下段回し蹴りをすかし、右足を斜め前に踏み出して相手のサイドに回り込む。相手が追ってきたら、右足をさらに踏み出して軸足とし、左上段回し蹴りを蹴る。

接近戦でのヒザ蹴りの受け返し

DVD 第11章 Part.4

相手の右ヒザ蹴りを外受けで捌いて突く

接近戦でヒザ蹴りにどう対応するかは、勝敗に関わる大きなポイントだ。左右のヒザ蹴りの対策技をしっかりと練習しておこう。右ヒザ蹴りの場合、外受けで捌きながら、左斜め前にステップし、前に出る勢いを生かして鉤突きで相手のみぞおちを突こう。

Point ヒザ蹴りを前腕で受け、ヒジを支点に捌く

下から突き上げてくるヒザ蹴りを確実に捌くには、受けの手で一度止め、ヒジを支点にして回すようにして外受けで内側へ流すといい。最初から外受けで捌きにいくと、タイミングが遅れた場合、ヒザ蹴りをもらう恐れがあるからだ。

相手のヒザ蹴りを捌こうと頭を下げると顔を蹴られる

相手のヒザ蹴りを捌きにいくとき、顔を下げてしまうと、ヒザで蹴り上げられる恐れがあるので危ない。

捌くと同時に左サイドにステップして、相手の死角に入る

突きの間合いに入るには、相手の右ヒザ蹴りを左外受けで捌いて、斜め左前にステップしよう。ヒザを受け流し相手の上体を右に向けることで、右の突きを垂直当てることができる。

相手の左ヒザ蹴りを下段払いで捌いて、突く

相手のヒザ蹴りを払った反動を突きの威力に変える

左ヒザ蹴りの場合、左下段払いで自分の外側に捌きながら、相手のボディに振り打ちを突く。突き手は、下段払いで外に払った勢いでそのまま回すように突くといい。ヒザ蹴りを左手で捌くときは、右手でしっかりと顔面をガードしておこう。

Point 前腕で蹴りを受け、手首に引っかけるようにして捌く

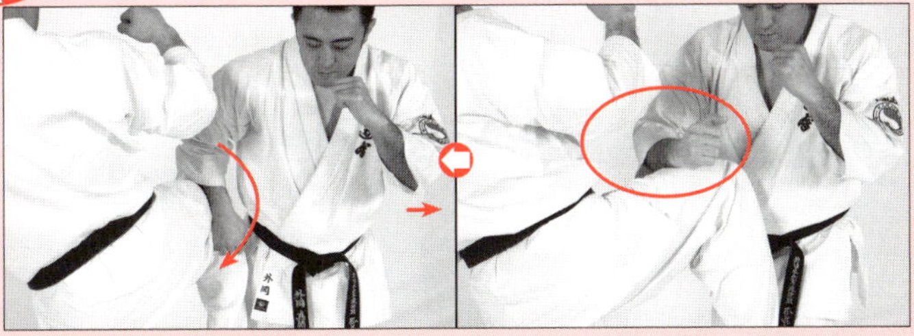

ヒザ蹴りを下段払いで捌くときは、蹴りが上がってこないように上から押さえ、相手のヒザを手首で引っかけるようにして下に払うといい。このとき、体を左に外しながら行うと、力を使わずに捌くことができる。写真は右ヒザ蹴りだが、払い方は左ヒザ蹴りも同じだ。

ヒザ蹴りを下段払いで捌きながら左サイドにステップすれば、脇腹への鉤突きを狙える

接近戦で、相手のヒザ蹴りを右下段払いで捌く利点は、相手の死角に回り込めることだ。右ヒザ蹴りの場合、左足で踏み込めば、鉤突きでボディを狙うこともできるし、より深くステップして次の技につなげることもできる。

接近戦でのポジション変更による攻撃

DVD 第11章 Part.5

右サイドに回る

相手の順突きを捌きながら、右サイドにステップして、左中段突きで突く

相手のサイド90°に回り込むステップは、ポジション変更の基本だ。例えば、相手の左順突きを右足を踏み出しながら右外受けで捌き、右足を軸に左足を引きつければ、2挙動で回り込み完了。サイドから相手のボディを突くことができる。

右足を右サイド45°に踏み出し、軸足にして右足を引くようにターンする

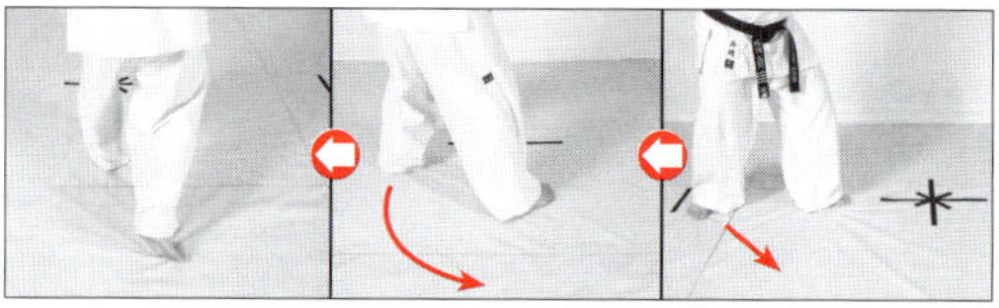

右に回り込む場合は、右足を右斜め前に踏み出して軸として、ターンするように左足を引きつければ、相手の横90°に回り込むことができる。

相手の突きをきっかけに右サイドに回り込んで、上段回し蹴りで倒す

組手の構えから、相手の右下段回し蹴りをヒザ受けし、続けて左の逆突きを突いてきたら、右外受けで捌きながら、右足を踏み出して相手の90°サイドに回り込む。回り込みながら左上段回し蹴りを蹴るのが理想だが、回り込みが終了後にすぐ蹴ってもよい。

左の突きを受け流しながら、45°サイドに踏み込んで回り込む

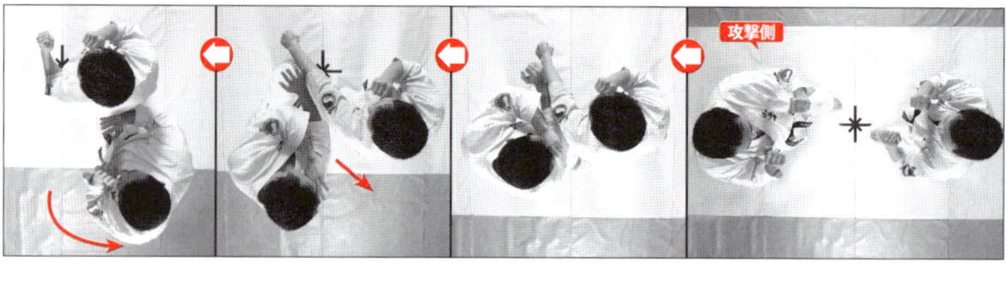

相手の順突きを捌いて、右サイドに回る動きを上から見てみよう。突きを外受けで流しながら、右足を斜め前に踏みだし、その足を軸足にしてターンする。

左足を、左サイド45°に踏み出し、軸足にして左足を引くようにターンする

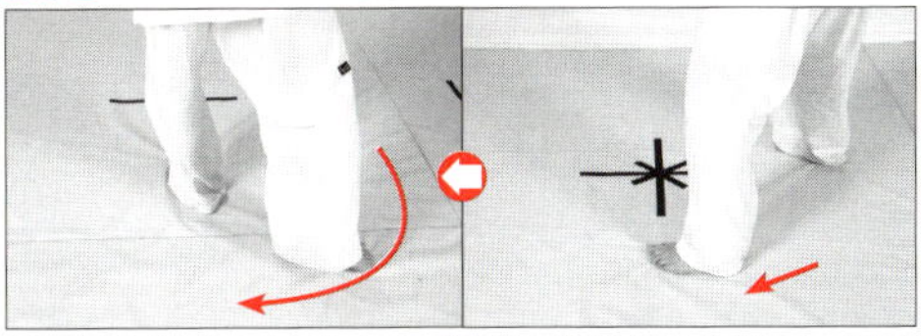

足の動きに着目して見てみよう。左足を左斜め前に踏み出して、それを軸にターンしながら右足を引きつければ、相手の90°横に回り込める。踏みだし角度や幅などで、背後に回り込むこともできる。

相手の逆突きを受け流し、サイドに回り込んで右ヒザ蹴りを放つ

左への回り込みも、ステップはほぼ同じだ。たとえば相手の右逆突きを外受けで捌くのに合わせて、左足で斜め前に踏みだし、それを軸足にして右足を引きつけながらターンする。間合いが近ければ右ヒザ蹴り。遠ければ、右中段回し蹴りを蹴れる。

相手の右逆突きを受け流し、サイドに回り込んで右中段回し蹴りを放つ

中段回し蹴りにつなげるステップは、蹴りの軸足にもなる左足の踏み出し角度を外に大きく取ることが大切だ。相手の右逆突きを左外受けで流しながらサイドにステップ。すぐに右足を引きつけたら、床を蹴るように中段回し蹴りを始動させて、蹴る。

左ターンは、2歩で相手の約90°横方向に回り込むことができる

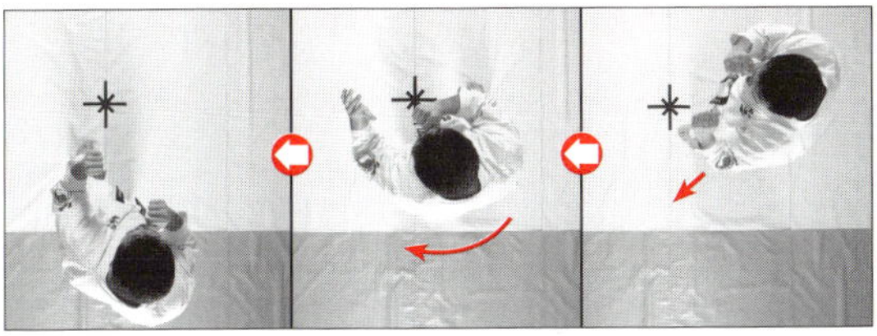

左へのターンを上から見てみよう。左に踏み出して軸足とし、右足を回すように引きつけるだけの2挙動で相手の90°横に回り込める。

DVD
第11章
Part.6

遠い間合いから接近戦に持ち込むコンビネーション

接近戦での攻防に自信が持てるようになってきたら、積極的に間合いを詰めて勝負に出よう。ただし、ただ近寄っていったのでは相手から攻撃を受けたり、逃げられたりしてしまう。ここでは、遠い間合いから中間距離の間合いまで、接近戦に持ち込んで倒す４つのコンビネーションを紹介しよう。

相手の右下段蹴りをすかして間合いを詰め、右ヒザ蹴りで倒す

相手の攻撃をきっかけに接近戦に持ち込むのがこの連続技だ。ポイントは、相手の技を最小限でかわすこと。大きく下がってしまうと、さらに遠くなってしまうからだ。

左横蹴りで間合いを詰め、左右の下突きから左上段回し蹴りで倒す

間合いを詰めるのにはリスクを伴うが、攻撃こそが最大の防御。リーチの長い横蹴りを、軸足を滑らせながら蹴り、一気に接近戦に入って、左上段回し蹴りで倒すのがこの連続技だ。

左上段回し蹴りで間合いを詰め、左右の下突きで倒す

中間距離の間合いから、左上段回し蹴りをフェイントに一気に間合いを詰めて、接近戦に持ち込んで突きの連打を浴びせる。上段回し蹴りは大きく踏み出すためのステップの役割も果している。

左前蹴りで間合いを詰め、右下段蹴りから左右の下突きで倒す

前蹴りは、相手との間合いを計ることができれば、蹴り足を引かずにそのまま踏み出すことで間合いを詰めるためのステップにもなる。中間距離から接近戦に持ち込むときは、積極的に使おう。

①組手の構えから、②相手の右下段回し蹴りを必要最小限のステップバックでかわす。大きく下がると再び距離を詰めることが難しくなる。③相手の蹴り足がインパクトポイントを過ぎたら、左足を大きく踏み出して、右中段ヒザ蹴りを蹴る。

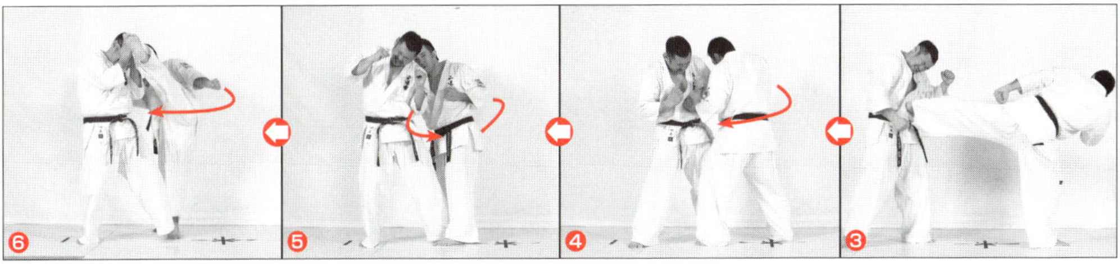

①遠い間合いから、②跳び込むようにして軸足を滑らせて③左横蹴りを相手のボディに蹴る。軸足は〝ケンケン〞のようにして入るといい。④左下突きを突き⑤ステップで相手のサイドに回り込んで脇腹に右鉤突きを突く。⑥最後は左上段回し蹴りで決める。

①組手の構えから、②ノーモーションの左上段回し蹴りを蹴る③蹴りはそのまま引かずに、大きなステップとして左斜め前に前に踏み出す。④蹴り足を床に着けたら重心を乗せて、右の下突きをボディに。⑤さらに腰を回転させて、左の下突きを突く。

①組手の構えから、②左中段前蹴りを相手のボディに放ち、蹴り足を戻さずに③ステップとして前に出る。④前に踏み出る力でそのまま右下段回し蹴りを入れ、⑤相手の動きが止まったら、左の下突き、⑥さらには右の下突きの連打で倒す。

COLUMN

筋力トレーニングにどう取り組むかで、キミの空手が変わってくる

ウエイトトレーニングは、多くのスポーツで強化メニューとして取り入れられており、空手も例外ではありません。

ただ、このウエイトトレーニングは、取り組み方を一歩間違えると、大会の結果どころか、自分の空手の方向を見誤る諸刃の剣なのです。

スポーツ選手の体型は、ジャンルやルールによって大きく違います。格闘技の場合、伝統派空手やテコンドーなど、技とスピードを武器にポイントを争う競技の選手は、細身の体型が圧倒的に多く、逆に、柔道や相撲など組み合っている時間が長い競技の選手は、筋骨隆々の体型が多くを占めています。

直接打撃制の空手の場合、打撃系の格闘技のなかでは相手とコンタクトしている時間が圧倒的に長いので、そのなかで必然的に生まれてきたのが、ウエイトトレーニング重視の発想だったのでしょう。

はたして空手とは、長い間、相手と胸やお腹を叩き合い、足を蹴り合う格闘技だったのでしょうか？　また、万が一、他の格闘技と戦うことになったとき、筋骨隆々の体を盾にした戦いで、勝つことができるのでしょうか？　答えは自ずと見えてくるはずです。

ウエイトトレーニングを否定するわけではありません。ただ、大切なのは、まず自分の体を100％使えるようになること。筋力トレーニングであれば、自分の体重以上のウエイトに頼る前に、自分の体をコントロールできるよう、ポジションやバランスを変えながら、腕立て伏せや腹筋などの自重を使ったトレーニングで鍛えましょう。その上で、パワーと空手の技をリンクさせることが大切です。ウエイトトレーニングで体を大きくするよりも、動きのある練習のなかで負荷を高め、結果的にたくましくなった方が、試合でも結果が出やすいはずです。

第12章

Koyasu Kick & Rolling Spin Kick

子安キック&胴回し回転蹴り／二段蹴り

どう蹴れば、相手を一撃で倒すことができるのか？

子安キック

DVD 第12章 Part.1

K-1をはじめとした大舞台で証明されたKO蹴り

組手の構えから、右手で顔面ガードをしながら、左手を自分の左斜め前につく。体操の側転をする要領で、右足で相手の頭部を蹴ろう。

インパクト後は必ずもとの構えに戻るのが、子安キック

胴回し回転蹴りとともに、回転系の大技として知られているのが子安キックだ。胴回し回転蹴りとの最大の違いは、捨て身技ではないこと。回転力を使って相手の上段を蹴るのだが、インパクト後はもとの構えに戻ることができるプロセスを備えている。ここでは、子安キックの発案者・子安慎悟氏に、蹴り方を解説してもらった。

練習方法

"側転"の要領で回転する

まず体操の側転を行い、ピーク付近で左右の足を大きく開いて、元に戻ろう。これができたら、右足で頭部を蹴れるように練習する。蹴りの慣性で倒れないように、頭を上げて、左足をやや残してバランスを取るのがポイントだ。

蹴った後に必ず戻る

子安キックは相手を蹴った後に、もとの構えに戻ることができるので、相手の反撃にも対応しやすい。なぜ、戻ることができるのか？　これはインパクト時のバランスによるもので、右蹴り足を伸ばしながら、反対側のバランスとして左を残している。また、相手をしっかりと見ることで頭を上げ、軸となる左手付近に重心を残しているからだ。

第12章 Koyasu Kick & Rolling Spin Kick
子安キック&胴回し回転蹴り／二段蹴り

蹴りは、正面真上からインパクトするのが基本

子安キックを正面から見てみよう。側転の練習で回転と足を開く感覚がつかめたら、左手で逆立ちをするようにしながら、前後に足を開いて、右足で蹴ってみよう。顔はしっかりと前に向けて相手を見ることが大切。体の角度は、側転と逆立ちの中間である半身だ。

斜め45°前方に踏み出して、手をつく

床に手をつく位置は、自分の前の足の斜め45°前方だ。大切なのは、蹴った後に、元の構えに戻れるようにバランスの取れる位置であること。近くに手をつくと蹴りが伸びなかったり､遠くにつくと蹴ったあとに倒れてしまったりする。練習では、仲間に立ってもらい、蹴りながら最適な間合いと、手をつく位置を探っていくといい。

コンビネーション

突きからの連続で、子安キックを放つ

子安キックへのつなぎは、床に自然に手をつける突きからのコンビネーションがいいだろう。組手の構えから突きの攻防で、相手が右の下突きを突いてきたら、左下段払いで受け流しながら、その力の方向のまま床に手をついて蹴ろう。相手との間合いも、子安キックに適しているので、一連の流れでスムーズに蹴ることができるはずだ。

胴回し回転蹴り

DVD 第12章 Part.2

相手との突き合いのなかで一発で倒せる“必倒蹴り”

胴回し回転蹴りは、基本をしっかりと学び、練習で精度を上げていけば、相手を倒せる技として身に付けることができる。突きの間合いで、順突きを空振りしながら、柔道の前回り受け身のようにして回転し、正面から右足のカカトで相手の顔面を蹴ろう。多くの場合、相手はガードしながら斜め下を向くので、カカトは自然と、アゴやこめかみにヒットする。

自分のヒザの外側に肩を入れるように、コンパクトに回転しよう

回転は、柔道の前回り受け身の要領で、左肩から入っていく。肩は自分の右足のヒザの外に入れるように、コンパクトに回転しよう。遠くに飛ぶと、回転が遅くなり蹴りの威力も十分に得られないからだ。最初は床に手をついて、回転する感覚をつかむといいだろう。

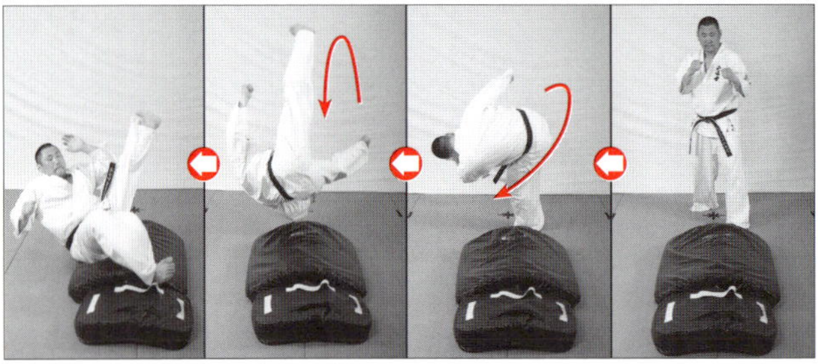

蹴り足は、カカトから垂直に振り下ろすのが基本

胴回し回転蹴りを正面から見ると、蹴り足のカカトの軌跡が正面から垂直に落ちてくるのがわかる。大切なのは、跳んだ後の腰の向き。腰が横を向いてしまうと、当然、蹴りも横や斜めから軌道を描くことになる。蹴り足のカカトを相手に向かって垂直に落とせるポジションになっているか意識しよう。

上半身の回転に、軸足が弾かれるように跳ぶと、蹴りにスピードと威力が生まれる

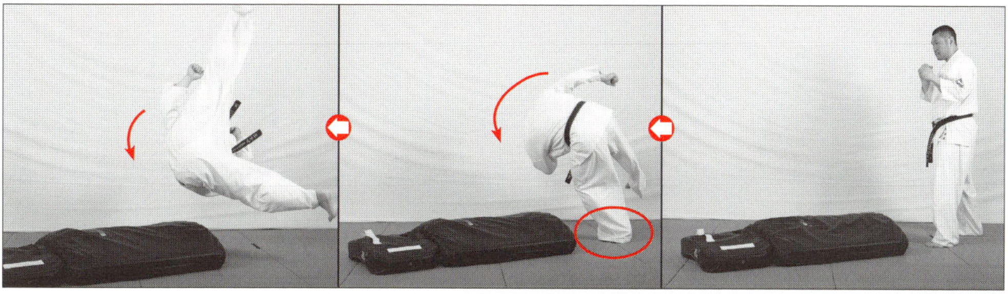

胴回し回転蹴りの場合の、突きや蹴りでいうタメは、上半身の回転と、踏み切りの足である左足のリリースにある。上体を巻き込むように回転させたら、踏み切りの足はギリギリまで床から離さない。いい換えれば、足が床を捉える力が上半身の回転に負けて、弾けて離れるぐらいの方がタメが利き、回転スピードも蹴りの威力も高くなる。

前に跳んであびせかけるのではなく、その場で回って蹴る！

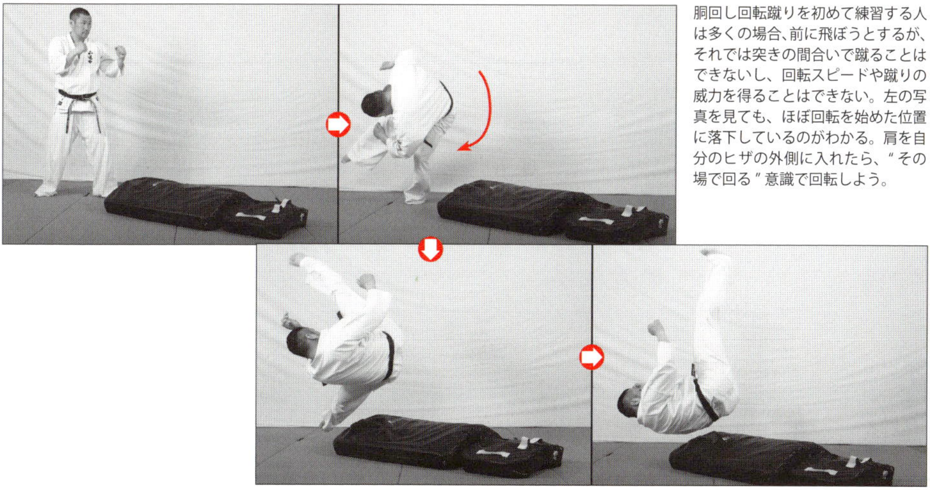

胴回し回転蹴りを初めて練習する人は多くの場合、前に飛ぼうとするが、それでは突きの間合いで蹴ることはできないし、回転スピードや蹴りの威力を得ることはできない。左の写真を見ても、ほぼ回転を始めた位置に落下しているのがわかる。肩を自分のヒザの外側に入れたら、"その場で回る"意識で回転しよう。

Point

手をついて回転の練習をすることで、蹴りの軌道を確かなものにしていこう

正しい回転の方向や蹴りの軌道を覚えることが第一なので、まずは手をついて前回りしながら、ミットにカカトを当てることを練習していこう。試合でも、手をついて蹴る方が有効な場合もある。この練習で蹴りの精度を高めることは、技の幅を広げることにもなるだろう。

二段蹴り

DVD 第12章 Part.3

二段回し蹴り

二段回し蹴りは、左の中段回し蹴りで相手のガードの意識を左中段に引きつけ、蹴り足を引く反動を使いながら右足で跳んで、右上段回し蹴りで倒す。

二段蹴りは、ガードの意識が固まった相手の虚を突く倒し技である。試合の中で左の蹴りを何度か蹴って、相手の意識を左中段に集めておき、左の蹴りにいくと見せかけて、右の跳び上段蹴りで相手を倒す。これは二段回し蹴りも、二段ヒザ蹴りも同じだ。

左中段回し蹴りを蹴り、素早く右跳び上段回しを蹴る

二段回し蹴りを正面から見てみよう。組手の構えからフェイントの左中段回し蹴りを蹴って、蹴り足を引くと同時に決めの右跳び上段回し蹴りを蹴る。蹴りの威力とスピードを出すために、体の軸をまっすぐに保つことが大切だ。

Point

空中で軸を崩すと蹴りのスピードが遅くなる

フィニッシュの上段回し蹴りは、跳んだときに体の軸がぶれてしまうと、スピードや威力が落ちてしまう。左手のガードの手で壁を作り、軸を立てよう。

蹴り込んでしまったら、次につながりにくい

フェイントの蹴りを蹴り込んでしまうと、上段蹴りへのつなぎが遅くなる。ガードの意識を引くためなら、攻防の中で事前に何度か強く蹴っておこう。

蹴り方を変えるとバレやすい

上段回し蹴りにつなぐために、腰を回さずに中段回し蹴りを蹴ると、相手に見破られてしまう。相手に緊張感を与えられるフォームで蹴ることが大切だ。

二段ヒザ蹴り

二段ヒザ蹴りは、中段ヒザ蹴りと跳び上段ヒザ蹴りの２つの技を、正面から蹴る、サイドから蹴るなど、狙いに応じて組み合わせて蹴る技だ。例えば、左中段ヒザ蹴りを横から蹴り、相手のガードの意識を側面に集めておいて、正面から相手のアゴを、軌跡が短くシャープに蹴れる跳び上段ヒザ蹴りで蹴れば、命中率も高くなる。

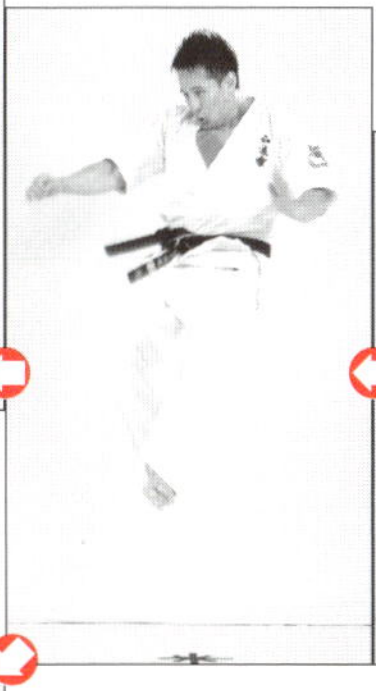

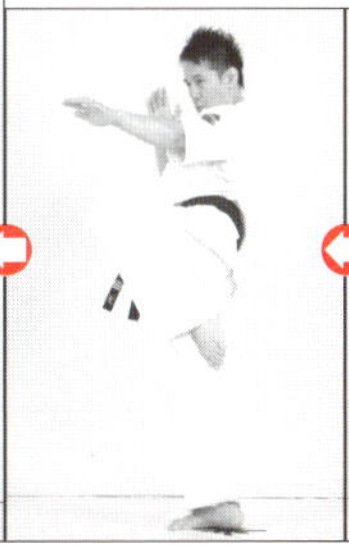

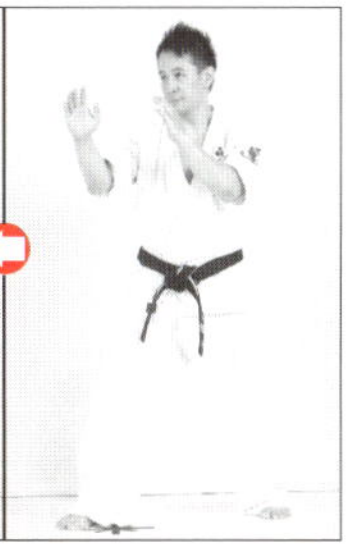

体の軸を保つことが、シャープに蹴るコツだ

二段ヒザ蹴りは、タイミング重視の技なので、無駄なくシャープに蹴りたい。大切なのは、蹴りを出すときの体の軸を垂直に保つこと。軸がしっかりしていれば、上段ヒザ蹴りをサイドから回して蹴ったときも、しっかりと蹴り込むことができる。

ヒザを回して蹴る場合は軸を崩さず中心まで蹴り込む！

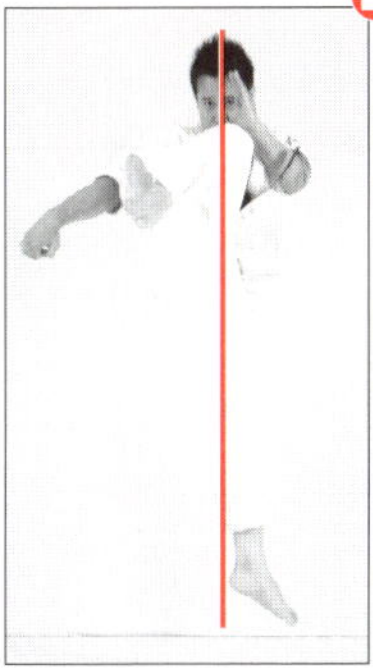

正面から蹴る中段ヒザ蹴りと、上段ヒザ蹴りの間合いの違いを知っておこう

正面から蹴る中段ヒザ蹴りの間合いに比べて、上段ヒザ蹴りの間合いは短いので、そのまま上段を蹴ると届かない場合がある。中段ヒザ蹴りを蹴るときの軸足を置く位置に注意しよう。

崩し技に取り組むと、空手の幅が大きく広がってくる

崩し技は、打撃系格闘技の空手にとって必要がない、と思われる方がいるとすれば､それは間違いです。

たしかに、直接打撃制の空手の多くの大会が、「掴み」や「掛け」、「投げ」をルールによって禁じていますし、また、こうした崩し技に精通した指導者が少ないのも、身近に感じられない理由のひとつかもしれません。

崩し技というのは、相手の力の向きや重心をいかにコントロールするかです。多くの場合､「掴み」や「掛け」､「投げ」といった技で表現されますが、実は、突きや蹴りを受け流し、相手の体勢をコントロールするのも崩し技の一端にあるものなのです。

打撃系の格闘技といえども、相手の体に接触する場面は必ずあります。先の受けの場合もそうですし、接近戦で体を入れ替えたり、時には技と技がぶつかり合った勢いで互いが絡んだりすることもあるでしょう。そのときのために、ボクシングではロープワーク、キックボクシングでは首相撲というテクニックがあるぐらいですから。空手でも、ルールではポイントにならないと決まっていても、下になって倒れ続ければ、審判の印象も変わってくるかもしれません。

もし身近に指導者がいたら、ぜひ崩し技の練習をすることをお勧めします。最初はテクニックのひとつにしか思えないかもしれませんが、続けるうちに、相手の重心の位置や力の流れを肌で感じられるようになってきますし、それがわかるようになれば、受け流しや捌き技、ポジションの変更も格段に上達するようになってきます。試合で相手の力の向きを感じられたり、コントロールできるようになれば、本物でしょう。ここからあなたの空手の幅が、大きく広がります。

第13章 Breaking Opponent's Balance

打撃だけが空手ではない。
捌き技や崩し技は、勝負の流れを変え、
相手を制圧することができる

軸足払い＆回し崩し

軸足払い

DVD 第13章 Part.1

軸足払いは、試合の流れを変えたり、優勢を印象づけたりするのはもちろん、タイミングよく決めることができれば、ルールによっては技有りを奪うこともできる技だ。〝下段回し蹴りを合わせる〟などというレベルではなく、体系立ったテクニックとしてマスターすれば、組手の幅は大きく広がる。

左の上段回し蹴りに対応する軸足払い

組手の構えから、相手が左上段回し蹴りを始動し始めたら、左足で斜め前に踏み込んで、相手の軸足のヒザ内側をスネで下から上に払う。このとき、右手で蹴りへのガードをしっかりとしておくことが大切だ。

ガードの手を伸ばし斜め45°に踏み込む

相手の軸足を確実に払うために、斜め約45°に踏み込んで蹴ろう。これは上段回し蹴りの打点を外す動きも兼ねている。

スネで、上方へ斜めに払う

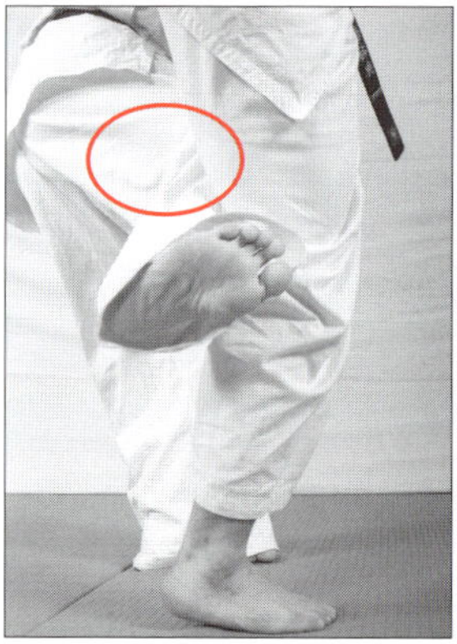

軸足払いは、蹴りの力がダイレクトに伝わるようにスネで蹴ろう。足の甲では相手の腰を浮かすほどの威力は得られない。

ヒザより上の内側を払う

狙うところは、相手のヒザより上の内側だ。足を払うと考えがちだが、大切なのは相手の腰を浮かしてしまうことだ。

相手の腰を浮かせる意識で払うことが大切!

バランスのよい相手であれば、軸足が浮いても転倒はしない。軸足払いは深く踏み込んで、腰から崩すことが大切だ。

右の蹴りに対する軸足払い

上段回し蹴りで、相手の重心が上がるタイミングが狙い目だ

左の軸足払いも、払い方は右と同じだ。ともに大切なのは払うタイミング。上段回し蹴りで相手の重心が上がれば、大きな力を使わずとも、転倒させることができる。

内股下段回し蹴りではない

軸足を払うとき、反対側の手を引いて体を開いてしまうと、蹴りの威力が十分に伝わらず、相手を転倒させることができない。蹴る方向に顔を向け、胸を開かずに蹴ろう。

練習方法 パートナーの蹴りに合わせてタイミングを身に付けよう

大切なのはタイミングだ。踏み込み幅やスネの当て方、払う方向などがわかったら、仲間とタイミングの練習をしよう。

捌いた相手の蹴り足を自分の太腿に乗せ、ステップするだけで倒すことができる!

軸足払いではないが、捌いた前蹴りを、踏み込むと同時に太腿の上に乗せて、踏み込んだ前の足を軸に回して倒すこともできる。このとき、深く踏み込んで相手の重心を後傾させることが大切だ。つかみが許されるルールであれば、相手の道着をつかんで確実に倒すことができる。

DVD 第13章 Part.3

足払い

DVD 第13章 Part.2

直接打撃制の空手では、ルールで反則になるために、ほとんど使われていないが、伝統派の空手の大会ではよく使われているのが足払いだ。ルールで認められていれば、効果は絶大。また格闘技としては体重差を克服できる技なので、ぜひマスターしておきたい。

相手のステップインを狙う

組手の構えから、相手が前足を踏み出したら、着地する直前に外から内へ水平に刈る。つかみありのルールであれば、袖などをつかんで引けば、より確実に倒すことができる。

Point

必ず前足に重心を移す。そのタイミングを狙う

足払いは、タイミングがすべてだ。相手は、踏み出した足に重心を必ず移すので、重心をほぼ移し終わった、足の裏が床に着く直前を狙おう。

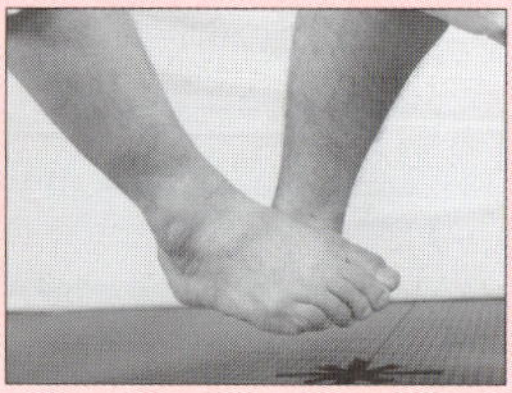

相手の上段ヒザ蹴りを誘って、軸足を払う

DVD 第13章 Part.5

試合中、足払いが有効になる代表的な場面としては、相手が上段ヒザ蹴りにきたときだ。相手の重心が上がるピークを狙えば、簡単に倒すことができる。相手が上段ヒザ蹴りを蹴りたくなるように、ガードを意識した上で、斜めを向いて誘うといいだろう。

第13章 Breaking Opponent's Balance
軸足払い＆回し崩し

スネ受けの足の着地を狙って、足を払う

下段回し蹴りを蹴って、相手にヒザ受けをさせ、その受けの足が降りる瞬間を払っても倒すことができる。足の裏で、相手のカカトを引っかけるようにして、受けの足を斜め前方向に引くとよい。

Point

蹴り足を完全に戻さず、そのまま払う

ヒザ受けの場合、下段蹴りを警戒している受けの足を下ろしても、この足に重心を完全に移すことはない。だから着地の瞬間よりは、受けの足を下げ始めたタイミングでカカトを引っ掛け、斜めに引くように足を払おう。

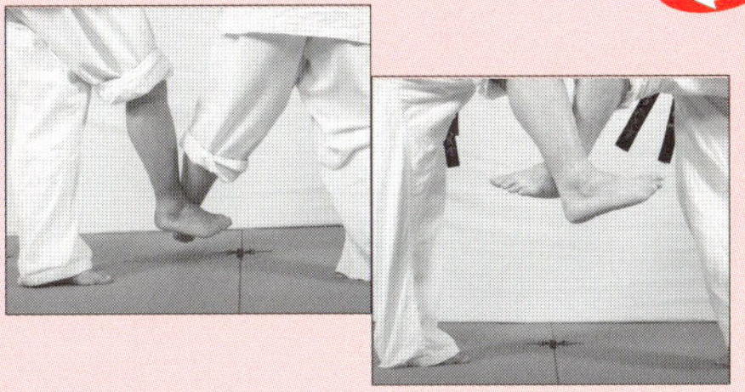

クリンチにきた相手のヒザの内側を払って、投げる

クリンチにきた相手を足下から崩す技は、格闘技としての空手を学びたいなら、ぜひ覚えておこう。相手がクリンチにきたら、相手の両足の間に前の足を入れて、相手の前足のヒザの内側を、自分の前足のヒザで右に押すようにしながら、相手を崩そう。このとき、首を左下に引きながら左足を引くと、相手をさらに大きく崩すことができる。顔面にヒザ蹴りを入れてもよい。

DVD 第13章 Part.4

Point

相手のヒザを自分のヒザで押す

崩すポイントは、ヒザの位置だ。相手のヒザと、自分のヒザが並ぶ位置まで、足を差し入れること。自分のヒザで、相手のヒザを外に弾いて同時に首を引いて崩そう。

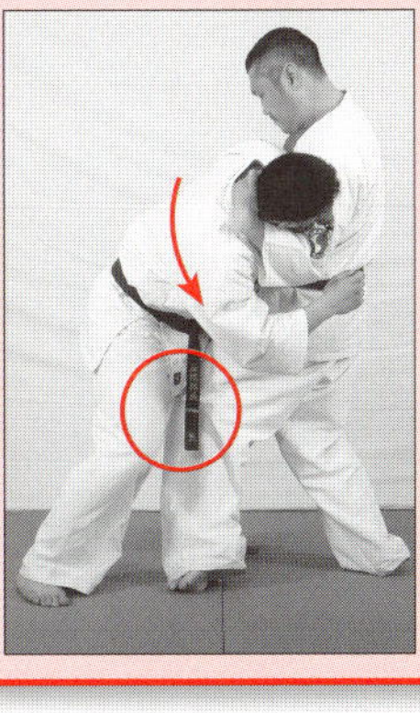

回し崩し

DVD 第13章 Part.6

“掴みあり”“掛けあり”のルールなら効果は絶大！

回し崩しは、空手が突きや蹴りだけのルールで競われるものではなく、いまだ高い実戦性を内包していることを証明する技だ。その名のとおり、相手を回しながら崩すことで、一時的に戦闘不能にし、顔面へのヒザ蹴りや頭部へのヒジ打ちで倒すことができる。技のプロセスは、崩す→回す、の2段階。練習で流れとコツをつかんだら、スパーリングや組手で使って磨いていこう。

袖は3本指でつかむ

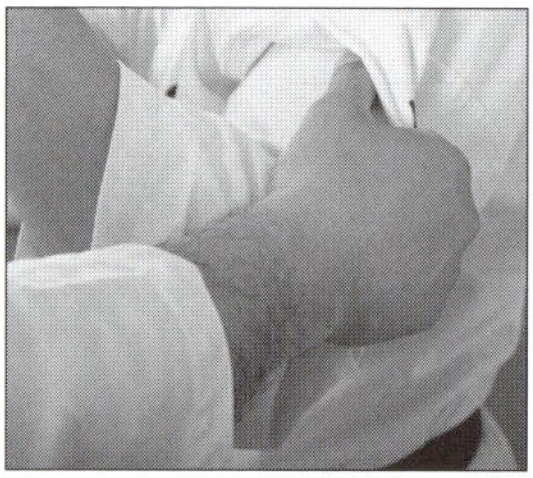

崩しを確実に行うには、相手の袖を中指から小指までの3本でつかむことが大切だ。特に小指と薬指に力を入れよう。

支点は、袖のつかみと首のフックの2点

相手がオーソドックスの構えの場合、コントロールする支点は、右手でつかむ左袖と、左手でかける首の2つだ。

自分の軸足を中心に、自分が回ることで崩す

Point

相手を引き回すときは、やみくもに力でおこなってもダメだ。相手の袖をつかんで斜め前に崩したときに、右斜め前に踏み出した右足を支点に、左足を円を描くように引きながら、自分の体が回る遠心力で相手をコントロールすると、力を使わずに引き回すことができる。

①組手の構えから、②相手の左袖を右手でつかんだら、③右斜め前に踏みだしながら、相手の両ツマ先を底辺にした三角形の頂点方向に崩していく。左手を相手の首に掛けて、崩しをフォローするといいだろう。④相手が前に崩れたら、踏み出した右足をさらに相手の背後に踏み出して、⑤その足を軸に自分が回りながら、相手をコントロールしよう。⑥フィニッシュは、下を向いた相手の顔面にヒザ蹴りを入れてもいいだろう。

相手が袖を切ろうとしたら、後ろに倒す

相手が回し崩しを知っていれば、袖をつかまれた時点で切ろうとする。そのときは、相手がヒジを引いて重心が後ろに移ったタイミングで、左足を相手の背後に踏みだしながら倒そう。足を刈る大外刈りではなく、相手の上体を後ろに後傾させて倒すことが大切だ。

後ろへは、大外刈りではなく入身で倒す！

後ろに倒す技としては、柔道の大外刈りがあるが、それではつかみ直す→足を刈るなど、動作も増えてくる。タイミングで素早く倒すためには、合気道でいう入身（いりみ）で崩そう。相手の左足横に自分の左足を踏み出し、相手の両足が揃う直線上に自分の右足を踏み出しながら、相手の肩を押して、重心を後ろに傾けさせて崩していく。タイミングと力の方向が合っていれば、力は必要ない。

正道会館の強さの本質

正道カラテの真髄は、ごく一部の才能ある者や体格に恵まれた者だけではなく、誰でも無理なく短期間に、確実に強くなれることです。しごきや苛酷なトレーニングに頼ることなく、基本稽古と実戦をリンクさせた独自の合理的な稽古が正道会館の強さの本質です。また組手での体の使い方に合理性があるので、キックボクシングや総合格闘技など、他の格闘技の場で自分の可能性を試したいときなど、順応性も高く、早く強くなれます。

人間形成の場として

人々にとって『強さ』の追求は普遍のテーマとなっています。それは単に相手を倒すことではなく、人生を生きて行く上で必要な『人としての強さ』の追求にあると思います。マニュアル化された現代社会の構造の中で、時として見失いがちな自己のアイデンティティを、空手の修行の場を通じて確立しようとする人も増えてきました。

目的に応じたカリキュラム

正道会館では強さを求める若い人はもちろん、空手を通じて強い心と体を育みたい子供、さらには健康の増進を目指すビジネスマンや、東洋的な美を願う女性に至るまで、それぞれの目的に応じて幅広いカリキュラムを用意しています。

東京本部
東京都新宿区高田馬場 1-28-18
和光ビル 2 階
TEL 03-5285-1966

中部本部
名古屋市中区大須 2 丁目 10-45
大須ステーションプラザ 2 階
TEL 052-219-5616

総本部
大阪府大阪市北区錦町 3-1
TEL 06-6357-1654
http://www.seido.co.jp/

監修者、およびモデル紹介

監修者

中本直樹 なかもとなおき

正道会館 館長代行

1956年生まれ
大阪府出身。
96年、正道会館総本部本部長に任命され、現在に至るまで総本部で指導を務めるほか、全日本大会をはじめとする各大会、選手育成、審査会など正道会館の全国の活動において館長代行として統括に当る。

伊藤克剛《いとうよしたけ》
千葉東葛支部支部長

石橋祐典《いしばしゆうすけ》
南大阪本部所属

山中政信《やまなかまさのぶ》
埼玉東支部副責任者

古田太一《ふるたたいち》
東京本部指導員

朴明洙《ぱくみょんす》
東大阪本部所属

柴崎　剛《しばさきごう》
東京本部指導員

橋本悠平《はしもとゆうへい》
横浜本牧支部指導員

町分元気《まちぶんげんき》
総本部所属

松本茂人《まつもとしげと》
横浜本牧支部所属

高木　淳《たかぎじゅん》
東大阪本部所属

平野将哉《ひらのまさや》
阿倍野支部所属

中川敬介 なかがわけいすけ

正道会館副館長
南大阪本部支部長
1968年生まれ
大阪府出身
'89拳武道会館全日本優勝
'88、'90正道会館全日本5位、'92カラテワールドカップ6位入賞
'96年に正道会館南大阪本部を設立。村尾健司、石橋祐典、赤川比帆ら3人の全日本王者を育てる

後川聡之 あとかわとしゆき

正道会館副館長
東大阪本部支部長
1968年生まれ
大阪府出身
'90正道会館全日本優勝、'91カラテワールドカップ優勝
K-1、K-2、K-2 PLUS、K-3の4階級に出場。
2000年に正道会館東大阪本部を設立。多くのチャンピオンを育てる。

鈴木修司 すずきしゅうじ

正道会館
東京本部責任者／師範
1965年生まれ
東京都出身
'88北米空手道選手権3位入賞、'92カラテワールドカップ3位入賞、'04正道会館全日本軽重量級準優勝。
これまで子安慎悟、加藤達哉ら7人の全日本チャンピオンを育てる。

外岡真徳 とのおかまさのり

正道会館総本部師範
阿倍野支部支部長
1973年生まれ
大阪府出身
'00中量級優勝、'02軽重量級優勝、'05、'08正道会館全日本重量級優勝、'06、'09正道会館全日本無差別優勝。'13極真会館全日本重量級4位。HERO's、DREAMなどの大会でプロとしても活躍。

子安慎悟 こやすしんご

正道会館
東京本部師範代
1974年生まれ
千葉県出身
'96、'97正道会館全日本無差別優勝、'99重量級優勝。'00軽重量級優勝。K-1 WORLD GP 2004 in SEOUL準優勝など、プロのリングでも活躍。現在は、洗練された技を活かしアクション映画にも出演している。

地主正孝 ちぬしまさたか

正道会館
大阪中央南支部支部長
1977年生まれ
兵庫県出身
'02アメリカ大会中量級優勝 '14正道会館全日本中量級優勝、'07正道会館全日本軽重量級優勝、'03軽重量級準優勝、'06無差別3位、'12無差別4位。キックボクシング、総合格闘技でプロとしても活躍

沢田秀男 さわだひでお

正道会館
横浜本牧支部支部長
1979年生まれ
大阪府出身
'99正道会館全日本中量級、'01軽重量級優勝、'04、'07重量級優勝。'09極真会館全日本重量級準優勝、'10極真会館全日本重量級3位、無差別4位。

板谷泰志 いただにたいし

正道会館
埼玉東支部責任者
1978年生まれ
宮崎県出身
'04、'05正道会館全日本軽重量級優勝、'10中量級準優勝、'13中量級3位、'11重量級3位。'05極真会館全日本軽重量級準優勝

監修者、モデルのプロフィールは、2015年12月31日現在の内容です。

DVDでよくわかる
勝つ！倒す！空手

STAFF
スチール／動画撮影　舟橋　賢
動画編集　大西　悟
本文デザイン　渡辺麻里子
カバーデザイン　坂井栄一（坂井図案室）
制作／取材／構成　marinaresca pittor

監修者　中本直樹
発行者　岩野裕一
発行所　株式会社実業之日本社
〒107-0062 東京都港区南青山 5-4-30 CoSTUME NATIONAL Aoyama Complex 2F
【編集部】03-6809-0452
【販売部】03-6809-0495
実業之日本社ホームページ　https://www.j-n.co.jp/

印刷・製本　大日本印刷株式会社

ISBN978-4-408-11074-5

1607(5)